KB071644

남북의
황금비율을
찾아서

남북의
황금비율을
찾아서

초판 1쇄 발행 2015년 5월 1일
개정판 1쇄 발행 2018년 8월 15일

지 은 이 남오연
발 행 인 권선복
편 집 권보송
디 자 인 김소영
전 자 책 서보미
마 케 팅 권보송
발 행 처 도서출판 행복에너지
출판등록 제315-2011-000035호
주 소 (157-010) 서울특별시 강서구 화곡로 232
전 화 0505-613-6133
팩 스 0303-0799-1560
홈페이지 www.happybook.or.kr
이 메 일 ksbdata@daum.net

값 15,000원

ISBN 979-11-5602-638-9   (93320)

Copyright ⓒ 남오연, 2018

도서출판 행복에너지는 독자 여러분의 아이디어와 원고 투고를 기다립니다. 책으로 만들기를 원하는 콘텐츠가 있으신 분은 이메일이나 홈페이지를 통해 간단한 기획서와 기획의도, 연락처 등을 보내주십시오. 행복에너지의 문은 언제나 활짝 열려 있습니다.

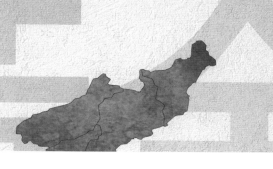

남북한 경제통합을 위한 화폐개혁에 관한 연구

남북의 황금비율을 찾아서

남오연 지음

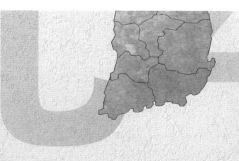

The Golden Ratio For Reunification

도서
출판 행복에너지

증보판을 내면서

2015년『남북의 황금비율을 찾아서The Golden Ratio For Reunification』라는 제목으로 남북한 직교 시 결제통화에 관한 책을 출판했습니다. 법률가가 자신의 전문영역도 아닌 화폐경제에 관심을 가지면서 책을 출판하고 이렇게 증보판을 내기까지는 10년이 넘는 긴 사연이 있습니다.

저는 2003년 사법시험을 합격하고 사법연수원을 수료한 뒤 2006년부터 변호사로서의 삶을 시작했습니다. 법원이나 검찰보다는 평소 기업 간 M&A에 관심이 많았기에 사법연수원 시절부터 기업 간 M&A를 연구했습니다. 그래서 변호사의 길을 택했고, 다양한 유형의 M&A에 참여해서 각종 법률

자문을 하게 되었습니다. 그 와중에 항상 생각해 왔던 것이 남북한의 통일이었습니다. 남북한의 통일은 결국 남북한 간의 M&A라고 생각했기 때문입니다. 기업 간 M&A에는 여러 유형이 있지만, 대부분 가장 중요한 포인트는 각 회사의 주식과 자산의 평가였습니다. 특히, 기업 간에 주식을 교환하는 방식의 M&A일 때는 협상 테이블에 대리인으로 앉아 있으면서 안타까움을 느낄 때가 한두 번이 아니었습니다. 교환비율에 대해 이견을 보이면서 M&A가 성사되지 못하고, 결국 M&A에 따른 기업가치 상승의 이익을 서로가 누리지 못하는 불행한 결과를 지켜봐야 했기 때문입니다. 교환비율에 대해 서로가 만족하지 못하는 이유는 간단했습니다. 향후의 기업가치 상승이라는 거시적 관점에서 경제적 판단을 하지 못하고 지금 당장 눈앞에 보이는 교환비율로 인해 손해 보는 장사를 하고 싶어 하지 않았기 때문입니다. 남북한 간의 M&A는 기업 간 M&A와 달라서 정치문제와 결부되어 훨씬 더 복잡할 것이므로, 반드시 서로가 납득 가능한 정치·경제적 M&A 비율이 있어야만 한다고 생각했고, 그래서 그 황금비율을 찾고자 경제학의 바다에 저를 던졌습니다.

하지만 무모한 결심이었습니다. 기업 간 M&A에 필요한 정도의 얄팍한 경제학 지식만 있었을 뿐인 저에게 경제학이라는 바다는 너무나 넓고 심오했기 때문입니다. 경제학은 천재가 아니면 애초에 시작을 말아야 한다는 생각까지 할 정도였습니다. 부끄러운 고백이지만 법률학의 사고방식에 젖어 있던 저로서는 경제학 용어 하나를 이해하는 데 며칠이 걸리기도 했습니다. 물론 아직도 경제학에 대해서 제대로 아는 바가 없기는 마찬가지지만 그 당시 경제학이라는 바다로의 항해는 저에게 참으로 힘든 여정이었습니다. 독학이었기에 어렵게 한 걸음씩 움직일 수밖에 없었지만 그로부터 2007년 중반까지 틈틈이 노력한 결과 『남북의 황금비율을 찾아서 The Golden Ratio For Reunification』의 초안을 완성할 수 있었습니다. 초안이 완성된 후 몇 달 지나지 않아서 노무현 정부의 '10·4 남북 공동선언'으로 한반도에 통일 분위기가 조성되었고, 그래서 초안을 다듬어 내년인 2008년 초에는 정식으로 출판을 해야겠다고 생각했습니다.

하지만 이명박 정부가 들어서면서 기대와 달리 남북 경협은 경색되기 시작했습니다. 또한 출판을 하기에는 초안에 나타난 문제점이 너무 많다는 생각에 겸손해질 수밖에 없었습니다. 남북한 화폐교환비율을 제대로 추정하지 못하는 등 여러가지가 부족했습니다. 그래서 출판을 포기하고 다시 경제학의 바다로 뛰어들었습니다. 그렇게 해서 5년을 더 연구하게 되었고, 초안을 다듬는 시간을 가졌습니다. 시간이 흘러 2012년 제18대 대통령선거를 앞두고 통일대박론이라는 당시 박근혜 후보의 통일 정책이 세상에 퍼지기 시작했고, 남한에서는 이번 기회에 북한의 저렴한 임금을 이용해서 한 몫 챙겨야 한다는 분위기가 조성되기도 하였습니다. 법률가라면 남북 경협 자체를 경색시킬 수 있는 통일대박론의 문제점을 냉철하게 바라볼 수 있어야 함에도 불구하고, 통일대박론에 편승하여 남한 기업의 대북 투자시 법률자문을 통해 거액의 돈을 벌려는 궁리만 하는 일부의 법률가를 만날 때면 안타까움을 넘어서 심지어 같은 법률가로서 부끄럽기까지 했습니다. 변호사법 제1조에서 말하는 변호사의 사명 즉, 변호사는 기본적 인권을 옹호하고 사회정의 실현을 위한 법률제도 개선을 위해 노력해야 한다는 사명감은 사라지고 가슴 속에는 돈이라는 뱀이 음흉한 또아리를 틀고 있었던 것입니다.

하지만 기업 간 M&A에서 서로가 이득만을 보려는 접근 방식은 절대로 성공할 수 없다는 것을 뼈저리게 체험한 저로서는 통일대박론에 회의를 품지 않을 수 없었습니다. 향후의 기업가치 상승이라는 공동의 목표를 위해서 서로가 대승적인 경제적 판단을 하더라도 M&A 성공 여부는 불투명한데, 하물며 M&A는 대박이라는 생각으로 자금력이 약한 상대 기업에게 노골적으로 접근하게 되면 오히려 상황을 악화시킬 뿐임을 체득하고 있었기 때문입니다. 저에게 있어 통일대박론은 북한에게 경제적인 갑을관계를 형성하겠다는 남한의 정치적 선전포고에 불과한 것으로 여겨졌습니다. 남한의 국민들 역시 통일대박론의 달콤한 함정에서 빠져 나오지 못한다면 통일은 말할 필요도 없고 그 이전에 남북 경협부터 순탄한 길을 갈 수 없다는 사실을 깨달아야 한다고 생각했습니다. 그리고 남북 경협은 통일대박론으로 설정된 출발점부터 재정립되어야 하며, 그 출발점은 남북 경협이 경제적 갑을관계가 아닌 지속가능한 협력관계로서, 종국에는 완전한 자주독립국가로 가는 경제통합이어야 한다는 저의 믿음을 많은 분들과 공유하고 싶었습니다.

그래서 저는 2012년 9월 뜻을 함께하는 변호사들과 함께 '야권후보단일화를추진하는청년변호사모임'을 결성하고 당시 문재인 후보와 안철수 후보의 단일화를 주장하며 선거운동에 뛰어들었습니다. 정치에 대해서는 쥐꼬리만큼도 아는 게 없었지만 통일에 대한 기본 철학은 한반도의 운명을 결정하는 것이므로 박근혜 후보의 통일대박론이 기초가 되어서는 안 된다는 신념이 있었기 때문입니다. 이후 단일화를 위한 국민대토론회에 참석해서 TV를 통해 '단일화 승률 제고를 위한 최종방안'을 전 국민에게 발표하게 되었습니다. 며칠 뒤 2012년 11월 6일 백범기념관에서 단일화 회동에 참석한 문재인 후보와 안철수 후보에게 단일화 최종방안을 정리한 책자 '단일화 승률 제고를 위한 소'를 직접 전달하였고, 다행히도 문재인 후보로 단일화되는 데 작은 기여를 할 수 있었습니다.

하지만 박근혜 후보가 대통령으로 당선되었고, 통일대박론은 우려했던 것처럼 통일의 문을 더 걸어 잠그면서 남북 상호 간의 불신만 키우고 있었습니다. 그래서 이렇게 후퇴하고 있는 남북 경협을 위해 무엇이라도 해야겠다는 생각에 초안을 좀 더 다듬고 2015년 5월경 통일대박론에 대한 비판과 함께 『남북의 황금비율을 찾아서The Golden Ratio For Reunification』를 출판하게 된 것입니다. 주위에서는 반대도 많았습니다. 박근혜 정부의 통일대박론을 정면으로 비판하면서 남북한 화폐를 일정한 비율로 교환해야 한다는 책의 내용으로 인해 제가 소위 빨갱이로 보일 수 있다고 걱정하셨습니다. 그리고 제가 경제 전문가도 아니기 때문에 경제학자로부터 자존심 상하는 조롱만 받을 것이라고 만류하기까지 했습니다. 하지만 저는 생각이 달랐습니다. 남한에서 통일대박론에 대한 문제점을 많은 분들과 공유할 수만 있다면 제가 경제학자로부터 조

롱을 받는다고 하더라도 마땅히 감수해야 한다고 생각했습니다. 그리고 6·25 전쟁으로 아픔을 겪은 우리 한반도가 통일이 되지 못하고 영원히 갈라지는 것은 전쟁으로 인한 아픔보다 더 큰 아픔이 한반도의 미래 세대에 남는 것이라고 생각했습니다. 그래서 전쟁으로 희생당하신 분들에게 깊은 양해를 구하는 마음을 담아 우여곡절 끝에 출판하게 되었던 것입니다. 하지만 남북 경협과 관련된 선배님들의 조언을 받아 통일의 문을 열 수 있는 황금비율의 완성도를 높여야 한다고 생각했습니다. 저의 간절한 희망으로 인연이 닿은 분이 (사)한반도개발협력연구소 이사장 이상만 교수님이셨습니다.

2015년 초판을 들고 중앙대학교에서 이상만 교수님을 처음 만났던 날 교수님께서는 제 가슴속에 평생 지울 수 없는 화두를 새겨 주셨습니다. 따뜻한 햇살이 조용히 내려앉았던 중앙대 캠퍼스의 어느 하루였습니다.

"남 변호사. 젊은이로서 대한민국의 앞날을 진정으로 걱정한다면 북한에 시장경제의 꽃을 피울 수 있는 방법을 찾아내야 합니다. 이 땅에서 살아가야 할 수많은 사람들의 생존과 번영을 위해 꼭 필요한 일입니다. 그것이 남북의 황금비율이 될 것입니다."

법률가가 자기 주제도 모르고 라면 받침대로나 쓰면 족한 책을 출판한 것으로 치부되어도 할 말이 없었건만 이상만 교수님께서는 오히려 저에게 용기를 불어 넣어주셨던 것입니다.

북한의 시장화!

미력하나마 어떻게든 기여를 해야겠다는 다짐은 했건만 저 혼자서는 결코 해낼 수 없는 일이니 가슴이 답답할 수밖에 없었습니다. 그래서 선배님들로부터 수십 년간 축적된 남북 경협에 대한 경험과 그 경험으로부터 나오는 고견을 듣고 어떻게든 배워야만 한다고 생각했습니다. 다행히도 이상만 교수님께서 남북 경협과 관련된 각종 정책 세미나에 제가 참석할 기회를 열어주셨고, 그동안 많은 선배님들로부터 지혜를 구할 수 있었으니 너무나 고마운 일이 아닐 수 없습니다.

이렇듯 이 증보판은 저 혼자만의 힘으로는 도저히 나올 수 없었습니다. 지난 시간 동안 각종 남북 경협 정책세미나에서 (사)한반도개발협력연구소·네트워크 장환빈 대표님, (사)남북물류포럼 김영윤 회장님, 남북정상회담 추진위 자문위원 임을출 교수님, 국민대학교 한반도미래연구원 홍양호 원장님과 홍순직 교수님, 고려대학교 행정전문대학원 남성욱 원장님, 남북교류협력지원협회 이승환 회장님과 이성로 팀장님, 북한·동북아 연구원 권태진 원장님, 통일교육원 권영경 교수님, IBK 경제연구소 조봉현 부소장님, KDB 산업은행 통일사업부 황진훈 박사님, 국민대학교 법과대학 박정원 학장님, 한라대학교 이성원 교수님, 우리민족서로돕기운동 선종도 부국장님, 한라그룹 육재희 전무님, 법률사무소 통인 한명섭 변호사님, 개성공단기업협회 신한용 회장님과 개성공단 입주 기업가분들 등 끝이 없을 정도의 많은 선배님들로부터 관록이 넘치는 살아 있는 고견을 듣지 못했다면 지금의 증보판은 나오지 못했습니다. 2016년 2월 개성공단이 폐쇄되는 아픔을 겪으면서도 언젠가 통일될 그날을 위해 개성공단 재개와 함께 남북 경협을 다시 활성화하고, 그 과정에서 한반도의 자산을 온전히 지켜내고자 하는 간절한 마음으로 선배님들은 이미 하나가 되어 있었고, 저 역시 그 하나 된 마음에 조금이나마 보태고 싶었던 것입니다. 이토록 소중한 분들과의 인연이 허락되었기에 오늘의 제가 있다고 생각하지 않을 수 없습니다.

2015년 『남북의 황금비율을 찾아서The Golden Ratio For Reunification』에서는 남북 교역 시 결제수단으로 달러를 쓰지 않고 남북한 화폐교환을 활용하는 청산결제방식을 연구하였습니다. 그 이유는 2000년 체결한 '남북 간 청산결제에 관한 합의서'에서 3,000만 달러 한도로 청산결제거래를 하기로 되어 있었기 때문입니다. 모든 분들께서 공감하시듯 6·12 북미정상회담 이후 남북경협은 새로운 국면을 마주하고 있습니다. 그래서 위 책에서 연구한 자료를 토대로 새로워진 남북 경협의 기틀을 마련하는 데 조금이나마 기여하고자 이렇게 증보판을 내게 되었습니다. 경제 전문가도 아닌 제가 이 증보판에서 주장하는 경제통합 방안이 무조건 옳다는 게 아닙니다. 남북 경협에 대해 이제부터라도 화폐 경제의 관점에서 본격적으로 접근해야 한다는 문제의식을 대한민국 국민과 함께 공유하는 것이 이 증보판의 목적입니다. 그래서 수많은 선배님들과 전문가분들께서 협력하시어 황금비율의 열쇠를 완성하고 굳게 닫혀 있는 통일의 문을 활짝 열어 주시기를 간절히 바라고 있습니다.

많은 선배님들과 관계자분들로부터 소중한 지혜와 샘솟는 용기를 구하지 못했다면 지금의 저는 있을 수 없습니다. 물론 앞으로의 저도 있을 수 없을 것입니다. 비록 졸작이지만 이 증보판 역시 나오지 못했을 것이기에 감사의 말씀을 재차 올리지 않을 수 없습니다. 새로운 세상이 펼쳐질 여러분들의 앞날에 제가 옆에 있을 수 있다고 생각하는 것만으로도 항상 행복합니다. 끝으로 대한민국의 앞날을 그 누구보다 걱정하시는 존경하는 김세환 스승님, 국가 정책에 대한 심도 있는 사회과학적 분석방법과 저의 법률학적 사고방식을 접목할 수 있도록 새로운 길을 열어주신 성균관대학교 행정학과 국정전문대학원 배수호 지도교수님 및 국정전문대학원의 모든 교수님들, 바쁜 시간에도 기꺼이 감수를 맡아 준 법무법인 청호 부설 통일미래법률연구소 연구위원 안은성 변호사님께 감사의 인사를 전하며, 이렇듯 오늘의 저를 있게 해주신 소중한 여러분들에게 이 증보판을 바칩니다.

2018. 7. 1.

법무법인 청호 대표변호사·통일미래법률연구소장 **남 오 연**

추천서

　남오연 변호사께서 남북한 경제통합을 위한 화폐개혁에 관한 연구인 『남북의 황금비율을 찾아서』 증보판을 발간해 주셔서 감사를 드립니다. 남북의 화폐통합은 한반도 통일경제 실현을 위한 가장 중요한 정책과제입니다. 이와 같이 중요한 통일 과제를 비전문가이신 남변호사께서 꾸준하게 그리고 깊게 연구하시고 그 결과를 지속적으로 발표하시는 모습에 관련 분야의 전문가인 저로서도 큰 감동을 느낍니다. 최근 북한의 비핵화와 남북관계의 개선으로 남북경협도 곧 본격화될 것으로 예상됩니다. 이런 시점에서 화폐적 관점에서 남북경협을 바라볼 수 있는 연구결과가 소개되는 점은 남북경협의 활성화에도 크게 기여할 것으로 기대가 됩니다. 남변호사의 노력으로 통일경제 실현을 위한 해법 즉, 황금비율을 찾게 되기를 기원해 봅니다.

이상만
(사)한반도 개발협력연구원 이사장
중앙대학교 경영경제대학 명예교수

CHAPTER 1

한반도
국부의
보전과
창출

NEW 패러다임

　2018년 6월 12일 트럼프 대통령과 김정은 위원장이 정상 회담을 개최하면서 일단 평화 분위기가 한반도에 형성되었다. 그 이전에는 한반도에 전쟁이 일어날지도 모른다는 불안감에 휩싸여 있었는데 우선은 다행스러운 일이다. 합의문에서 북미화해, 비핵화, 긴장감 해소 등의 정치적 내용을 포괄적으로 다루고 있지만, 그 구체적 표출은 궁극에는 경제 교류의 방향으로 나타날 것이다. 최근 북한 7기 3차 전원회의에서 경제 건설에 총력을 집중하기로 결정한 것을 보더라도 북한은 기존과는 분명히 달라진 행보를 보일 것으로 예측된다.

　최근 관계 당국자의 표현에 의하면 북한은 비핵화 과정에서 남한이 생각하고 있는 것보다 훨씬 더 빠른 속도의 대규모 경제 건설에 총력을 기울일 것이라고 한다. 이처럼 예상되는 북한의 경제 개발 속도전에 맞물려 남한은 '남북 하나의 시장' 형성과 '3대 경제협력벨트' 구축을 내용으로 하는 한반도 신경제구상론을 추진하려 한다. 구조적 저성장의 늪에 빠진 남한 경제의 新성장동력이 되길 바라는 것이다.

따라서 향후 남북 교역은 개성공단과 같이 남한의 자본력과 북한의 저임금 노동력을 결합하는 교류뿐만 아니라 통상적인 국제관계에서 나타나는 다양한 형태의 물류와 자본의 이동을 통한 교류를 예상해야 한다. 물론, 초기 북한의 계획경제 정책은 남북 간 도로나 철도 연결 사업 등 대규모 사회간접시설 투자로 진행될 것이다. 하지만 아래로부터의 시장화, 즉, 장마당과 같은 북한 내 자율적 시장화의 확산은 주민들에겐 필수적인 생존 활동으로서 지속적으로 확대될 수밖에 없을 것이다. 시기는 정확히 예측할 수 없지만 정치·군사 문제와 직결된 북한의 계획경제 정책의 특성상 그 리스크가 해소된다면 남북 경협은 민간 주도의 방향으로 새롭게 전환될 수도 있다.

한편, 향후 비핵화 과정에서 지금까지 북한 경제에 강한 영향력을 행사하고 있었던 중국 이외에도 미국, 일본, 러시아 등은 대규모 투자를 통해 자국의 이익을 극대화하려고 들 것이다. 대북 교류에 있어 남한과 경쟁하거나 경우에 따라서는 협력해야 하는 주변국이 늘어난다는 것이다. 이제 한반도를 중심으로 동북아시아의 New 패러다임이 태동하고 있다.

스펙트럼의 명암

이러한 동북아시아의 New 패러다임 형성은 한반도의 긴장 완화 측면에서 1차적으로 매우 좋은 일이다. 아울러 구조적 저성장의 늪에 빠진 남한에겐 분명히 기회다. 하지만 먼 훗날을 그려보면 우리에게 다가온 지금의 이 기회에 반드시 장밋빛 미래만 있는 것은 아니다. 호사다마라고 말 그대로 불확실성이 내포된 다양한 스펙트럼이 존재한다. 북한도 그 불확실성을 마주하고 있기는 남한과 마찬가지다. 우선 남한에 투영되는 어두운 스펙트럼부터 예측해 본다.

'남북 하나의 시장' 형성과 '3대 경제협력벨트' 구축을 내용으로 하는 한반도 신경제구상론은 동해권, 서해권, DMZ 지

역을 남북 경제협력의 물리적 거점으로 삼아 남북 및 동부아
시아 지역으로 연계하기 위한 포석으로 삼고 궁극에는 남북
경제공동체를 건설하는 것이 그 핵심이다. 한반도 신경제구
상론에 따르면 부산에서 베이징까지 연결되는 철도 건설, 지
하자원이 풍부한 단천 지역의 자원개발단지 개발, 남·북·
중·러를 연계하는 전력망 구축 사업 등 각종 경제협력 사업
에 남한의 자본과 근로자가 투입될 것이다. 지금 현재 남한
경제가 직면한 구조적 저성장의 출구이자 新성장동력이 되
는 셈이다. 하지만 두 가지 난제를 심각하게 고려하지 않을
수 없다. 첫 번째는 북한의 한반도 신경제구상론에 대한 북
한의 수용가능성, 두 번째는 해당 사업의 지속성을 담보할
수 있는 실효성 있는 방안이 그것이다. 한반도 신경제구상론
이 이러한 난제를 근본적으로 해결하지 못한다면 사상누각
이 될 수도 있다.

　한반도 신경제구상론에 대한 북한의 수용가능성은 남한이
넘어야 할 가장 큰 산이다. 경제 개발에는 반드시 자본이 필
요하다. 따라서 남한이 미국, 중국, 일본 등 제3국에 비해 자
본력이 앞서지 않는 상황에서 주변국들보다 비교 우위에 설
수 있는 개발 프로젝트를 북한에 제안하지 못한다면 북한 입
장에서 한민족이라는 이유로 굳이 남한과의 공동 개발을 선

택할 이유가 없다. 정치적 변수를 제외하고 일단 경제적 변수만 고려해 볼 때, 북한은 경제 개발 속도전을 펼치면서 자신의 입장에서 가장 유리한 사업을 제안하는 당사국과 교역을 선택할 것이 분명하기 때문이다. 극단적인 가정이지만 가령, 중국이 북한의 경제 개발을 위해 30억 위안을 30년 만기 무이자로 지원하고, 한반도 신경제구상론 중 하나인 평양~베이징 간 철도의 무상 연결을 제안했다고 가정하자. 그 반대급부로 중국은 철도 이용료 수입을 북한과 30년간 공동 분배하고, 북한 희토류의 공동 개발을 북한에 제안한다. 지금 현재 외환보유고가 부족한 북한 입장에서는 심각하게 고민하지 않을 수 없는 제안이다. 만일, 북한이 중국의 제안을 받아들인다면 한반도 신경제구상론의 3대 경제협력벨트 중 서해안 경제협력벨트에서의 新성장동력 창출은 물거품이 되는 셈이다. 중국뿐만 아니라 미국, 일본, 러시아, EU 회원국 등이 자본력을 동원해 한반도 신경제구상론에 포함된 사업을 남한보다 더 유리한 조건으로 북한에 제안한다면 설상가상이다. 그렇게 된다면 남한이 그동안 개성공단 운영과 폐쇄, 판문점 선언, 북미회담 등의 우여곡절을 겪으면서 진행해 왔던 대북교류 활성화의 노력은 결국 자본력을 가진 주변 강대국에게 새로운 투자처를 알선해 준 것에 불과하게 된다. 북한이 국제사회의 제재를 풀기 위해 남한을 지렛대로 삼고,

실제 경제협력의 방향은 남한을 제외한 외국 자본을 유치하는 쪽으로 갈 것이라는 주변의 우려가 현실이 되는 셈이다. 참담하지 않을 수 없다.

한반도 신경제구상론의 지속성을 담보할 수 있는 실효성 있는 방안도 고려해야만 한다. 북한이 경제 개발 과정에서 남한 이외의 국가와 진행하는 사업만 남겨두고 각종 국내외적 이유를 근거로 남한과의 사업만 일시적으로 중단시킨다면 문제는 매우 심각해진다. 한반도 신경제구상론에 들어 있는 사업의 특징은 대규모 사회간접시설 투자에 집중되어 있기 때문에 남북 교류가 중단되는 순간 진행 중이던 북한 개발 사업에 투입된 시설, 물류 등은 모두 북한에 갇히게 된다. 무상몰수나 다를 게 없다. 그렇게 되면 북한의 대남 전략에 이용당한 퍼주기 논란으로 인해 남한 정부의 정치적 부담은 걷잡을 수 없게 된다. 2016년 2월 개성공단 폐쇄에 이르기까지 쌓인 상호 간 불신으로 인해 남북 경협은 북한에 퍼주기라는 논란이 팽배한 것이 지금의 현실이다. 남북 경협을 반대하는 국내의 정치권과 경제권은 이 틈을 노려 엄청난 사회의 혼란을 야기하면서 현 정권을 흔들고 자신의 세력을 확장해 나가려 할 것이다. 어렵게 물꼬를 튼 남북경협이 마주하게 될 심각한 문제가 아닐 수 없다. 교류 중단은 북한에도 손해이기 때문에 쉽지 않은 선택일 것이라는 논리는 남한에서 보고 싶은 현실일 뿐이다. 남북 교류 중단이 남한이 보기에 북한에게 손해처럼 보일 뿐, 깊이 들어가 보면 국제적 역학관계, 혹은 북한 내 정치 문제로 인해 북한 입장에서 손해가 아닌 경우도 얼마든지 있다. 그리고 이것이 정작 봐야만 하는 현실일 수도 있다. 한반도 신경제구상론이 지향하는 '남북 하나의 시장'은 초기의 북한 내 사회간접시설 지원을 발판으로 자유로운 민간교류까지 확대한다는 것이다. 하지만 해당 사회간접시설 지원사업의 지속성이 일시적이나마 단절된다면 한반도 신경제구상론에 비춰지는 스펙트럼은 어두울 수밖에 없다.

지금까지는 남한 입장에서 예상해야 할 문제들 중 일부를 살펴보았다. 북한 입장이라고 해서 지금의 이 기회가 반드시 밝은 미래를 보장하지는 않는다. 물론, 북한에 유입되는 해외 자금은 경제 개발을 위해 당연히 필요한 조치다. 남한에서 보유한 자본만으로 북한 경제를 개발하는 데 한계가 있을 뿐만 아니라 각국에서 투입된 해외 자본은 남한의 자본과 결합되어 북한이 일방적으로 남북 교류를 단절할 수 없게끔 하는 방파제 역할도 할 수 있기 때문에 해외 자본 유치는 긍정적인 면이 있다. 또한, 투입된 해외 자본이 커질수록 북한 경제 개발의 속도가 빨라질 수 있다는 점도 긍정적이다. 하지만 세상에 공짜는 없다는 동서고금을 아우르는 진리가 있다. 제3국이 그 반대급부로 가져갈 이득은 투자금의 가치 그 이상일 것이 분명한데, 문제는 제3국의 투자금 대비 회수금이 차지하는 비율이 지나치게 높을 때다.

처음에는 북한에 제3국의 대규모 외자가 유입되면서 경제 개발에 필요한 인프라도 갖추고 북한 주민의 소득도 서서히 늘어날 수 있다. 그런데 북한의 외환보유고는 자체 생산이 안 되는 상품을 해외에서 구매하는 등 여러 가지 이유로 서서히 줄어드는 반면에 이를 충당할 만한 무역흑자를 만들어 내기란 자원 수출에 의존하는 북한 경제의 구조적 특성상 당분간은 쉽지 않은 일이다. 결국 고금리를 부담하더라도 계속해서 외자 유치를 할 수밖에 없는 처지에 놓이게 된다. 그 고금리의 대가는 북한의 자산가치를 정당하게 평가받지 못한다는 말이 된다. 예를 들자면 북한 입장에서 100달러 상당의 희토류를 10달러에 팔아서라도 외환보유고를 채워야만 한다는 것이다. 그래서 북한에 유입되는 외자는 처음에는 긍정적인 효과가 있겠지만, 그중 일부의 악성 해외자금은 시간이 갈수록 북한의 자산을 헐값에 외부로 유출되게끔 하는 북한 경제의 맹독으로 변할 수도 있다. 게다가 정치·경제적 이유로 인해 북한에서의 사업성이 떨어진다는 불안감이 외국 투자자에게 조성된다면 소위 부도덕한 산적과 같은 핫머니는 그 틈을 이용해 북한 금융에 심각한 타격을 줄 것이다. 1997년 태국의 바트화 폭락사건, 남한의 IMF사태 등 그 무렵 아시아 일대를 휩쓸고 간 자본과 환율의 침공을 떠올리면 쉽게 이해가 갈 것이다.

지속가능한 공동운명체

한반도 신경제구상론은 '남북 하나의 시장'을 통해 '남북 공동 번영'이라는 최종 목표를 두고 있다. 정치적 역학관계는 좀 더 논의할 필요가 있겠지만, 경제적 측면에서 볼 때 남한과 북한이 가진 시장의 자산가치가 하나로 통합된 이른바 '한반도 국부'가 탄생하는 것이다. 한반도 국부는 한민족이 지금의 분단 관계를 넘어 한반도에서 지속가능한 생존을 위한 경제구조를 의미한다. 즉, 남북 공동 번영은 한반도에서의 공동 생존을 의미하는 것이다.

그래서 남북 경협은 남북 단일 시장이 형성되기까지 남북한 시장의 자산가치의 합계, 즉, 한반도 국부가 불필요하게 이탈되는 것 없이 보전되거나 증가되게끔 그 역할을 수행할 수 있어야 한다. 그렇지 않고 남북 경협이 한쪽만 경제적 이득을 보는 구조라면, 그래서 한반도에서의 공동 생존이 아니라 일방의 생존만을 위한 것이라면 처음부터 남북 공동 번영이라는 방향을 설정해서는 안 되는 것이다. 그것은 남북관계에서 새로운 경제적 갑을관계를 형성하는 것 이상의 의미가 없다. 그것은 경제적 약탈로서 금방 들통나는 속임수에 불과하기 때문에 오히려 상호 간 불신만 깊어지는 악순환에 이르게 될 것이 분명하다. 따라서 남북 단일 시장이라는 한반도 국부의 창출을 위해서 남한은 남북 경협을 통해 북한 시장의 자산가치를 보호하면서 증가시켜야 하고, 북한은 남북 경협이 남한에 구조적 저성장의 출구가 될 수 있도록 서로가 적극적으로 도와야 하는, 이른바 지속가능한 공동운명체가 되어야만 하는 것이다. 먼 훗날 서로가 시장의 자산을 합쳐야 하는데 서로가 합칠 자산이 없거나, 혹은 교류가 지속적이지 못하고 중단된다면 한반도 국부의 보전·창출은 불가능하기 때문이다.

남북 경협을 한반도 국부의 보전·창출이라는 거시적 관점에서 본다면 북한에서의 자본과 물류의 이동에 대한 해석이 완전히 달라진다. 가령, 악성 해외 자금이 북한 시장의 자산가치를 부당하게 북한에서 유출하고 있는 경우라면 이것은 장래의 한반도 국부가 현재 부당하게 유실되고 있는 것이다. 북한 시장의 자산가치가 사라진 만큼 미래의 한반도 국부가 지금 유실된 것과 다를 바 없기 때문이다. 반대로 남북한 사이의 자본과 물류의 이동 과정에서 각자에게 손익에서 차이가 나는 경우가 발생할 수도 있을 것이다. 하지만 이러한 경우는 한반도 국부의 관점에서 볼 때 남북 단일 시장 창출 과정에서 남북한 내 자산의 위치 이동에 따라 발생하는 손익이라고 볼 수 있다. 왜냐하면 한반도에서 자산이 해외로 유출되는 것이 없고, 결국엔 남북 단일 시장 내에서 머물러 있는 손익이기 때문이다. 즉, 한쪽에서 본 손해는 장래의 남북 단일 시장이라는 한반도 국부를 창출하기 위해 현재 지출된 투자금이 되고, 반대로 다른 한쪽에서 본 현재의 이득은 해외로 유출되지 않고 장래의 남북 단일 시장에서 새로운 부가가치를 창출할 수 있는 기회를 만드는 현재의 자산이 되는 것이다. 하지만 장래의 한반도 국부를 보전·창출하는 과정에서 한쪽에서 감당하기 힘든 손해를 보면서 투자하는 것은 지속가능한 공동운명체가 아니다. 서로에게 설득력이 없기 때문이다. 그래서 지속가능한 공동운명체의 구조는 남북한 서로가 수용 가능한 범위 내에서 단절 없는 경제협력을 통해 함께 성장할 수 있도록 조직되어야 한다.

한반도 신경제구상론이 말하는 남북 단일 시장은 조금은 다른 의미일수도 있겠지만 크게 보면 결국엔 남북한 경제통합을 말한다. 남북 단일 시장 형성을 위한 지속가능한 공동운명체 역시 궁극에는 남북 경제통합을 이루고 공동 생존을 위한 한반도 국부를 보전·창출하자는 것과 크게 다르지 않다. 그래서 남북 경협의 기본 방향은 남북 공동 번영을 위한 남북한 경제통합이어야 하는데, 동북아시아에 태동하고 있는 New 패러다임은 북한의 자산, 바꾸어 말하면 한반도 국부에 대한 해외 자본과 환율의 침략을 예고하고 있다. 북한에 해외 자본이 들어오는 것은 긍정적인 면이 있지만 부당한 형태로 자산이 유실되는 것만큼은 한반도 국부의 보전·창출이라는 관점에서 반드시 방어해야 한다. 전쟁에서 진정한 승리를 하기 위해서는 싸우지 않고 이기는 것이 필요하다. 그러기 위해서는 싸우기 전부터 이미 이기고 있어야 한다. 남북이 지속가능한 공동운명체로서 그 전쟁이 시작되기 전부터 이미 이기고 있는, 그래서 한반도에서 공동 번영을 추구할 수 있는 구체적 방안이 필요하다. 그것이 남북의 황금비율이 될 것이다.

CHAPTER 2

북한
금융의
특징

경제는 화폐를 통해 구체화된다. 그래서 화폐를 제외하고 경제통합을 논한다는 것은 모순이다. 남북한 경제통합을 논하려면 북한 화폐의 현황 및 북한 금융의 특징을 먼저 이해해야만 한다. 현대적 의미의 시장에는 수요자와 공급자, 신뢰 있는 결제수단 및 국제거래가 가능한 금융시스템이 존재한다. 결제수단인 화폐의 가치는 그 화폐와 교환되는 상품의 가치와 그 화폐로 그 상품과 교환될 수 있다는 대중의 신뢰라는 두 가지 요소에 의해 결정된다. 그래서 달러는 후자, 즉, 글로벌 대중의 신뢰로 인해 기축통화가 되었다. 그리고 신뢰가 큰 화폐를 보유하고 있을수록 수요자의 구매력은 더 커진다.

현재 북한에 활성화되고 있는 장마당의 주요 결제수단은 위안화다. 북한의 수차례 화폐개혁 실패로 북한 원화는 북한 주민의 신뢰를 얻지 못했다. 기축통화인 달러를 보유하고 싶어도 유통량이 적어 북한 원화에 비해 상대적으로 더 신뢰할 수 있는, 그리고 달러보다는 유통량이 많은 위안화가 결제수단이 된 것이다.[1] 이것은 북한 주민의 구매력이 매우 낮다는 것을 의미한다. 북한에 물건을 팔고 싶어도 대부분 신뢰할 수 없는 북한 원화를 보유하고 있기 때문이다. 게다가 위안화를 현금으로 보유하면서 거래하기 때문에 전자결제방식으로 위안화를 해외로 송금해 갈 수도 없으니 국제간의 금융거래는 쉽지 않다.

그리고 국가 간의 무역, 즉, 시장과 다른 시장 사이에는 가치의 교환이 일어나기 마련이다. 그래서 무역이 가능하려면 서로 다른 시장 간에 단일화폐를 사용하지 않는 한 환율에 따라 다른 시장의 화폐, 또는 기축통화인 달러로 교환해 줄 수 있는 외환보유고를 갖추고 있어야 한다. 그렇지 않으

---

1. 북한 지역별로 다소 차이가 있긴 하지만, 북한 정부가 1달러에 110원가량으로 환율을 정하고 있는 데 비해 실제 암시장에선 1달러에 북한 원화 8,000원 정도에 거래되고, 이 돈은 북한 근로자의 두 달치 급여에 해당하는 것으로 알려져 있다. 반면, 1위안은 북한 원화 1,000원~1,300원 정도로 교환된다고 한다.

면 리카도의 비교우위설이 말하는 국제무역의 이점을 누리
지 못한다. 이것은 다시 말해 북한에서 경제 개발을 위해 반
드시 필요한 외자 유치가 매우 어려워진다는 것인데, 오라스
콤의 사례를 보면 분명해진다.

　오라스콤은 북한에서 휴대전화기 판매 등의 이동통신 사
업권을 취득하는 대신 4년간 4억 달러를 투자하기로 했다.
2008년부터 4년간의 독점적 서비스권을 보유하고 25년간
사업을 할 수 있는 라이선스다. 북한 전문매체 자유아시아방
송RFA에 따르면 오라스콤은 해당 사업으로 7년간 6억 5,300
만 달러에 달하는 수익금을 내고도 해외로 반출하지 못하고
있었다. 오라스콤이 벌어들인 북한 원화를 북한 정부가 공식
환율이 아닌 시장 환율로 적용함으로써 오라스콤의 수익금
은 816만 달러, 80분의 1로 줄어들었기 때문이다. 설상가상
으로 오라스콤 그룹 계열 금융회사 오라뱅크의 평양지점이
북한의 5차 핵실험 이후 유엔 안보리와 미국 재무부 해외자
산통제국의 대북 제재안으로 인해 2016년 폐쇄되면서 오라
스콤은 철수를 해야 할 상황이다.

　오라스콤의 사례에서 보듯이 북한에는 북한 원화와 외환
보유고에 대한 신뢰, 안정된 환율, 해외 송금 등이 가능한

은행, 클레임 처리 등의 금융시스템이 준비되어 있지 않다. UN과 미국의 대북제재가 해제된다고 하더라도 금융시스템이 구축되지 않는다면 북한 내의 시장 활성화는 쉽지 않다. 설령, 북한 내 시장 활성화가 가능하다고 하더라도 결제통화와 외환보유고, 환율 등 금융시스템에 대한 투자자의 신뢰는 단시간에 형성되는 것이 아니다. 그 시간은 생각보다 오래 걸릴 것이고, 경우에 따라 국내외 정세 및 사업 환경 등과 맞물려 그 신뢰는 순식간에 사라질 수도 있다.

현재는 북한과 직접적인 금융결제수단이 존재하지 않아 남한 역시 제3국 은행이나 현금 지불을 통해 교역을 할 수밖에 없다. 투자 자본의 이동에 따른 거래비용(환전 수수료 등 기타 환전비용)으로 인해 기축통화를 사용하는 국가에 비해 남북한 모두가 손해를 보고 있는 것이다. 경제발전은 자본과 물류의 자유로운 흐름이 관건인데 엄청난 장애 요소가 아닐 수 없다. 남한에서 북한에 현금을 결제하려면 현금 전달방법과 총액한도에 대해 통일부장관의 승인을 받은 다음 한국은행에서 일정한 한도 내의 환전 승인을 받아야 하고, 세관에 반출신고 후 지급해야 한다. 시간이 오래 걸리고 복잡하다. 환전 수수료를 내는 것도 손실인데 돈이 이동되는 데 소요되는 시간이라는 거래비용까지 증가한다. 이래서는 교역이 제대로 이루어질 수가 없다. 대북결제에 대한 까다로운 법률[2]과 환전수수료 등은 자본 이동의 거래비용으로서 남북 경협에 심각한 걸림돌이 아닐 수 없다.

---

2. 외환거래법 제16조 제4호에 따르면 외화를 외국환업무취급기관(은행)을 통하지 않고 지급할 때 기획재정부장관에게 신고를 해야 하는데, 이를 위반하면 1년 이하의 징역형에 처하는 것으로 되어 있다. 통일부 승인 외에 기획재정부장관에 대한 신고의무까지 있다는 것을 아는 남한의 사업가는 많지 않다. 심지어 법률가조차도 관련 분야의 경험이 없으면 전혀 알지 못한다. 사업가가 범법자가 되는 순간이다.

CHAPTER 3

남북한
화폐
통합

단일화폐의 유통

살펴본 북한 금융의 특징에 따르면 한반도 신경제구상론이 HARD 인프라 영역에 치중된 이유가 설명이 된다. 이유는 간단하다. 북한에는 자금의 투입과 회수를 보장할 수 있는 안정적인 금융시스템이 없기 때문이다. 그래서 남한뿐만 아니라 외국 역시 북한의 HARD 인프라 개발부터 참여하기를 원하는 것이다. 마찬가지로 북한도 도로나 철도, 자원 개발 등 신뢰 있는 금융시스템이 반드시 필요하지 않은 HARD 인프라 영역의 대규모 국가 간 사업부터 개방할 수밖에 없다. 하지만 이로 인한 문제는 가치의 교환이 불공평해진다는 것이다. 이것은 자금 부족을 이유로 보유중인 부동산을 시장에 급매할 때 매매금액이 하락하는 경우로 이해하면 된다.

문제는 여기서 그치지 않는다. 신뢰 있는 금융시스템이 없는 북한에 오라스콤과 같은 투자자가 나타나기란 쉽지 않다. 그러면 또다시 부동산 급매와 같이 북한 자산을 처분해야 되는 상황이 반복될 여지가 많아진다. 본 연구에서 말하고 있는 한반도 국부의 보전·창출이라는 관점에서 볼 때 이러한 북한 자산의 불공평한 유출은 북한만의 문제가 아니다. 미래 한반도에서의 공동 번영이 현재 부당하게 방해받고 있는 것이다.

　바로 이러한 문제를 안고 있는 북한 금융의 특징에서 남북한 경제통합의 방안이 창출된다. 다른 국가들이 HARD 인프라에 관심이 쏠려 있을 때 남한은 반대로 SOFT 인프라인 금융에서 해법을 찾는 것이다. 위에서 살펴본 것처럼 북한 금융의 가장 본질적인 문제는 신뢰다. 그 불신의 원인은 정치적 요소도 크겠지만, 정치적 불안은 북한이 자체적으로 해결해야 될 문제다. 남한에서 해결할 수 있는 문제가 아니다. 그래서 정치적 불안요소를 북한이 스스로 제거한다는 것을 전제로 남한은 북한 금융에 대한 불신의 문제를 해결할 수 있는 방안을 북한에 제안하는 것이다. 남한이 남북경협에서 다른 국가와 차별화 전략을 가져갈 수 있는 부분이다. 바로 이곳이 남한이 투자해야 할 곳이라는 역발상을 해야 한다. 신뢰 있는 화폐의 유통이 경제의 기초라는 본질에서부터 다시 접근해야 한다. 시장에서 상품가치를 대표하고 있는 화폐가 신뢰 부족으로 인해 새로운 부가가치를 생산하지 못한다면 물물교환시대로 돌아가거나, 아니면 타국 화폐인 기축통화를 사용하면서 많은 어려움을 겪어야 한다. 이러한 화폐와 경제의 본질적 상관관계에서 남북한 경제통합의 방안이 도출된다.

남북한 단일화폐, 가칭 『KORO』를 한반도에 유통시키는 것이다. 남한이 화폐개혁으로 현재의 남한 원화를 KORO로 변경하고, 남한 원화와 북한 원화를 일정한 비율에 따라 KORO와 교환할 수 있게 한다면, 명목 지폐에 불과했던 북한 원화는 KORO와 결합되어 투자자로부터 신뢰를 얻을 수 있게 된다. 현재의 남한 원화에 대한 신뢰가 KORO를 통해 북한 원화로 연결되기 때문이다. 남북한 단일화폐 유통은 남한 원화에 형성된 금융 수요자의 신뢰를 북한 원화와 함께 공유하는 것이다. 이것은 미국이 북한 원화를 일정한 비율에 따라 달러로 교환해 준다는 신뢰를 주는 것과 마찬가지다. 북한 원화에 대한 수요자의 신뢰를 구축하기란 앞서 설명한 것처럼 상당한 시간과 막대한 비용이 소요된다. 하지만 이렇게 남북한 단일화폐를 사용한다면, 그 즉시 북한 원화에 대한 신뢰가 형성된다. 그래서 북한 원화에 필요한 신뢰를 구축하는 데 드는 시간과 비용이 엄청나게 절약된다. 그리고 단축된 시간과 비용만큼 한반도 국부가 불공평하게, 또는 불필요하게 유출될 가능성도 줄어들게 될 것이다. 물론 그렇게 보전된 북한의 자산은 향후 남북 단일 시장에서 새로운 부가가치를 창출하는 소중한 기회를 갖게 될 것이다. 또한 KORO의 남북한 유통은 남북 간 대금 결제 시 발생했던 환전수수료, 자본의 이동시간 등의 거래비용을 사라지게 할 것이다. 경제발전을 위한 자본과 물류의 자유로운 이동 중 하나가 해결되는 셈이다. 단일화폐 유통의 효과는 차후에 논하기로 하고 중간결제수단의 한시적 사용에 대해 먼저 살펴본다.

중간결제수단의
한시적 사용

남북한 단일화폐로 KORO를 선택하는 것보다 시간과 비용을 더 줄일 수 있는 방법은 북한 화폐를 현재의 남한 화폐와 일정 비율로 교환해주고 별도의 화폐개혁 없이 현재의 남한 화폐를 그대로 남북한 단일화폐로 사용하는 것이다. 이는 가장 비용이 적게 되는 방법이긴 하지만 이 방법은 현재 남한 화폐의 디자인, 기입된 문구 등으로 인해 북한 정서나 북한 정치권에 부담이 될 것이기에 선택하기가 곤란할 수 있다. 한편, 현재의 남한 화폐가 아닌 KORO를 남북한에 유통시키려면 그에 맞는 새로운 금융 전산시스템을 남한 전체에 새로 도입해야 하므로 이에 대한 경제적인 부담을 고려하지 않을 수 없다. 그래서 이러한 남북한 모두의 위험부담을 줄이는 수단으로 KORO의 전면적 시행 이전에 중간결제수단을 한시적으로 사용하는 방안을 고려해 볼 수 있다. 남한 원화와 북한 원화를 중간결제수단과 일정한 비율로 교환해 주기 때문에 남한 원화에 대한 금융 수요자의 신뢰를 북한 원화와 공유하는 효과는 KORO와 동일하다. 그래서 중간결제수단의 한시적 사용은 KORO의 전면적 유통에 수반되는 문제점을 확인·수정하고, 남북 단일 시장의 토대가 될 KORO의 디자인, 통화량, 전산시스템의 적용 등에 대해 남북한이 협의하고 동시에 시뮬레이션을 거치며 KORO의 안정화를 극대화시키는 효율적인 방안이 될 것이다.

한편, 중간결제수단 역시 금융시장에서 신뢰 있는 결제수단이어야 함은 마찬가지다. 동시에 기존의 결제수단이 달랐기 때문에 발생하는 환전수수료 등 기타 환전비용 부담을 줄일 수 있는 중간결제수단이어야 한다. 이런 측면을 고려해 볼 때 남한에서 새로운 중간결제수단을 만드는 것보다는 기존의 신뢰 있는 결제수단을 재활용하는 것이 쉽고 효율적이다. 지금 현재 남한이 보유하고 있는 결제수단 중에서 찾아본다면 한시적인 중간결제수단으로 가장 적절한 것은 외환보유고의 SDR(특별인출권)이다. 별명이 페이퍼 골드Paper Gold인

SDR은 트리핀의 딜레마Triffin's dilemma[1] 를 해결하기 위해 국제
통화기금IMF에서 발급하는 유가증권으로서 회원국의 국제수
지가 악화되었을 때, 담보 없이 외화를 인출해 갈 수 있는 권
리를 인정해 주는 실물이 없는 일종의 가상화폐라고 보면 된
다. SDR은 현찰이 아니어서 시중은행에서는 취급하지 않기
때문에 환율[2]은 있으나 수수료가 별도로 책정되지 않는다.
다만, 외환보유고의 SDR을 중간결제수단으로 한시적으로
사용하더라도 북한의 시장화에 필요한 적정 통화량을 충족
시킬 수 있어야 할 것인데 이는 남북한 화폐교환비율과 연관
된 문제이므로 항을 바꾸어서 살펴보기로 한다.

---

1. 1960년대 미국 예일대 교수 로버트 트리핀(Robert Triffin)은 미국이 경상적자를 줄이고
   자 국제 유동성 공급을 중단하면 세계 경제는 크게 위축될 것이고, 반대로 적자 상태가
   지속돼 달러가 과잉 공급되면 달러 가치가 하락해 준비자산으로서 신뢰도가 저하되고
   고정환율제도 붕괴된다는 브레튼우즈체제의 딜레마를 주장하면서, 미국의 경상적자 문
   제를 해소하기 위해선 새로운 국제 유동성을 창출할 수밖에 없다고 제안하였다.
2. 2018년 7월 초순 기준 약 1,570원/SDR이므로 달러에 비해 다소 높은 가치를 가지고
   있음을 알 수 있다.

남북한 화폐교환비율과 적정 통화량

들어가면서

　KORO나 중간결제수단에서 가장 중요한 것은 남북한 화폐 교환비율과 북한의 적정 통화량을 산정하는 일이다. 이들은 당연히 남한의 경제력 범위 내에 있어야 함과 동시에 북한의 수용가능성을 최대로 끌어올릴 수 있는 핵심적 요소다. 이 두 가지는 남한 시장이 북한 주민에게 부채를 부담하는 것으로서 매우 민감한 문제다. 또한 화폐개혁 실패로 초超 인플레이션과 심각한 부작용을 경험했던 북한에겐 정권의 안전 보장과 직결되는 문제이기도 하다. 한반도 국부의 보전·창출이라는 관점에서 본다면 화폐교환비율과 북한의 적정 통화량은 북한이 남북 단일 시장 형성을 위해 지속가능한 공동운명체가 되도록 유도하는 남한의 투자금이 되는 것이다. 따라서 이 두 가지는 금전적 이해득실을 따지는 경제적 차원에서만 논의되어서는 안 되고, 북한 스스로 지속가능한 공동운명체가 되는 정치적 선택을 할 수 있는 차원까지 고려해야 한다는 결론에 이른다.

2016년 기준 화폐교환비율과 적정 통화량 추정

남북한 화폐의 교환은 남한의 경제력 범위 내여야 하므로 일차적으로 경제적 관점에서 접근할 수밖에 없다. 이와 관련해서는 이영섭(1993, 1996, 1997), 이명규·김대우·장원태(1995), 황의각·장원태(1997), 장원태(1997), 하성근(1997), P. J. Kim(1997), 이원기·이대기(1998), 문성민·김용복(2000), 김종희(2000), 전홍택·이영섭(2002), 김태균(2003), 안재욱(2005), 서양원(2006), 신용도(2013) 등의 연구들이 있다.

그런데 그 이후 국내에서 2018년 기준 남북한 화폐교환에 필요한 경제적 수치를 추정한 결과가 없다. 가장 최근의 것으로 보이는 것은 연구자의 저서[1]에서 추정된 2013년 남

---

1. 남오연(2015), 『남북의 황금비율을 찾아서』, 행복에너지, 서울, pp 54-117

북한 화폐교환비율이다. 그동안 연구결과가 없었던 이유는 2013년 이후 북한의 내부 통계자료가 제대로 발표된 적이 없기 때문이다. 최근 북한은 핵실험으로 인해 대북제재를 받으면서 통화와 관련한 북한의 실물경제 여건, 금융 관계를 알 수 있는 자료, 기업들의 자산과 부채를 알 수 있는 재무자료 등을 대외에 공표할 수 없는 여건이었다. 또한, 남한에서 관련 자료를 비공식적으로라도 확보할 수 있는 형편은 아니었다. 그래서 본 연구자는 현재 확인 가능한 북한 관련 자료 중 가장 최근의 시점을 반영하고 있는 2016년을 기준으로 남북한 화폐교환비율과 북한 적정 통화량을 추정할 것이다. 그리고 남한에서 현재의 시점에 화폐통합을 북한에 제안한다고 가정하고 이와 같이 추정된 2016년 기준 화폐교환비율 및 북한 적정 통화량을 현재의 시점에 전용하는 것이 타당한지에 대해 순차적으로 검토할 것이다.

위 저서에서 연구자는 환율을 매개로 하는 방법, 구매력평가에 의한 방법, 단위 비용 평가에 의한 방법, 통화총량법에 의한 방법, 이렇게 네 가지 방법 중 구매력평가에 의한 방법을 제외하고 나머지 세 가지 방법으로 2013년 기준 남북한 화폐교환비율을 추정하였다. 하지만 본 연구에서는 통화총량법에 의한 방법에 한정하여 그 추정과정을 함께 전개하기로 한다. 그 이유는 남북한 화폐교환비율이 추정되더라도 북한 적정 통화량을 알아야만 북한에 유통될 단일화폐의 통화량을 추정해 볼 수 있는데, 통화총량법에 의한 방법으로 남북한 화폐교환비율을 추정하는 과정에서 북한 적정 통화량을 추정할 수 있기 때문이다. 여기서 북한의 실제 통화량이 아닌 적정 통화량을 산출하고자 하는 이유는 화폐통합 이후 북한의 인플레이션과 남한에서의 북한 원화 및 남한 원화의 동반 평가 절하 등의 사정을 고려하지 않을 수 없기 때문이다. 북한에 유통될 단일화폐의 적정 통화량이 남한의 실제 통화량에 비해 작아질수록 남북한 화폐통합에 따른 남한의 경제적 부담과 충격이 줄어들 수 있다.

통화총량법은 통일 독일을 준비하면서 동독 마르크와 서독 마르크 간 교환비율 산정 시 준용되었던 방식으로 교환 방정식에 기초한다. 이 접근 방법은 두 국가 간 경제가 서로 통합되었을 때 어느 정도까지 통화 규모를 증가시켜야 인플레이션 등 원하는 경제 정책의 목표를 달성할 수 있는지 여부를 제시해준다.

이 방법에서 사용되는 교환 방정식은 다음과 같다.

$$MV=Py \qquad (1)$$

M: 통화량

V: 통화의 유통속도

P: 물가

y : 실질 생산

이명규·김대우·장원태[1995]는 식 (1)을 다음과 같이 변형한 후

$$MV=Py=Y \qquad (2)$$

Y: 명목 GNP

다시 북한과 남한의 경제가 통합될 경우 통합된 경제에 공급되는 통화의 유통 속도를 같다고 가정하여 식 (2)를 다시 다음과 같이 변형하였다.

$$V=\frac{Y_S}{M_S}=\frac{Y_N}{M_N} \qquad (3)$$

V: 통화의 유통속도

Y_S: 남한의 명목 GNP

M_S: 남한의 통화량

Y_N: 북한의 명목 GNP

M_N: 북한의 통화량

이를 토대로 이명규 · 김대우 · 장원태(1995)는 통화총량법 관련 〈표 1〉과 같이 1994년 말 기준 남북한 화폐교환비율을 추정[2]하였고 황의각 · 장원태(1997)와 장원태(1997)는 이를 그대로 인용 및 준용하였다.

〈표 1〉 통화총량법에 의한 남북한 화폐교환비율
[이명규 · 김대우 · 장원태]
(북한 원 : 남한 원)

연구자	모형	모형 세부	구분	기준	교환비율
이명규 · 김대우 · 장원태(1995) & 황의각 · 장원태 (1997) & 장원태(1997)	통화총량법	통화 유통속도	A	1994년	1 : 267.430
			B		1 : 541.377

A : 사회주의 평균 유통속도 1.74
B : 남한의 1974년 통화유통속도 3.324

이영섭(1996, 1997)은 식 (1)을 남한 경제와 북한 경제가 통합되는 시점을 기준으로 다음과 같이 변형한 후

---

2. 상세 내용은 이명규 · 김대우 · 장원태(1995) 참조.

$$(M_SV_S + ER \times M_NV_N)=P_U(y_S + y_N) \qquad (4)$$

ER: 북한 1원에 해당하는 남한 원

M_S: 남한의 통화량

V_S: 남한의 통화유통속도

M_N: 북한의 통화량

V_N: 북한의 통화유통속도

P_U: 통합된 경제의 물가

y_S: 남한의 실질 생산

y_N: 북한의 실질 생산

통합 후 남한과 북한의 통화유통속도가 같아진다고 가정하여 식 (4)를 다음과 같이 유도하였다.

$$(M_S + ER \times M_N)V_U=P_U(y_S + y_N) \qquad (5)$$

V_U: 통합된 경제의 통화유통속도

이영섭(1996, 1997)은 식 (5)를 토대로 통화총량법 관련 남북한 화폐교환비율을 〈표 2〉와 같이 추정[3]하였다.

---

3. 상세 내용은 이영섭(1997) 참조.

<표 2> 통화총량법에 의한 남북한 화폐교환비율
[이영섭]

(북한 원 : 남한 원)

연구자	모형	모형 세부	구분	기준	교환비율
이영섭 (1996, 1997)	통화총량법	통화 유통속도	동독	1994년	1 : 285.66
			헝가리		1 : 350.37
			폴란드		1 : 277.30
			체코슬로바키아		1 : 195.69
			유고		1 : 162.96
			동구권 평균		1 : 227.27
			중국		1 : 199.76

하성근(1997)은 통화총량법 관련하여 1988년 헝가리, 체코, 루마니아 및 1979년 중국의 마샬 k^4의 평균치 0.57을 적용하여 <표 3>과 같이 남북한 화폐교환비율을 추정[5]하였다.

<표 3> 통화총량법에 의한 남북한 화폐교환비율
[하성근]

(북한 원 : 남한 원)

연구자	모형	모형 세부	구분	기준	교환비율
하성근 (1997)	통화총량법	통화 유통속도	C	1995년	1 : 271.4

C : 1988년 헝가리, 체코, 루마니아 및 1979년 중국의 마샬 k의 평균치 0.57

---

4. 통화유통속도의 역수, 여기서는 동구권 국가들의 통화량–총생산비율.
5. 상세 내용은 하성근(1997) 참조.

P. J. Kim[1997]은 하성근[1997]의 추정치를 현금통화 또는 M1 개념으로 해석하여 〈표 4〉와 같이 남북한 화폐교환비율을 추정[6]하였다.

〈표 4〉 통화총량법에 의한 남북한 화폐교환비율
[P. J. Kim]

(북한 원 : 남한 원)

연구자	모형	모형 세부	구분	기준	교환비율
P. J. Kim (1997)	통화총량법	통화 유통속도	현금통화	1995년	1 : 30.5
			M1		1 : 68.5

이원기·이대기[1998]는 동유럽 사회주의 국가의 재정지출 대비 현금통화비중 추정 후 북한의 재정 부담률을 적용하여 〈표 5〉와 같이 남북한 화폐교환비율의 범위를 추정[7]하였다.

〈표 5〉 통화총량법에 의한 남북한 화폐교환비율
[이원기·이대기]

(북한 원 : 남한 원)

연구자	모형	모형 세부	구분	기준	교환비율
이원기· 이대기(1998)	통화총량법	통화 유통속도	현금통화	1994년	1 : 215 ~ 232

---

6. 상세 내용은 P. J. Kim(1997) 참조.
7. 상세 내용은 이원기·이대기(1998) 참조.

김종희(2000)는 이원기·이대기(1998)에서 남북한 간 경제력 차이를 나타내는 지표로 이용했던 남북한 경상 GDP 비율을 이용하여 남북한 화폐교환비율을 추정[8]하였다. 〈표 6〉이 그 결과이다.

〈표 6〉 통화총량법에 의한 남북한 화폐교환비율
[김종희]

(북한 원 : 남한 원)

연구자	모형	모형 세부	구분	기준	교환비율
김종희 (2000)	통화총량법	통화 유통속도	현금통화	1999년	1 : 245.4

전홍택·이영섭(2002)은 이영섭(1996, 1997)을 더욱 수정 및 보완하여 〈표 7〉처럼 1990년 기준, 2000년 기준의 남북한 화폐교환비율을 추정[9]하였다.

---

8. 상세 내용은 김종희(2000) 참조.
9. 상세 내용은 전홍택·이영섭(2002) 참조.

〈표 7〉 통화총량법에 의한 남북한 화폐교환비율
[전홍택 · 이영섭]

(북한 원 : 남한 원)

연구자	모형	모형 세부	구분	기준	교환비율
전홍택 · 이영섭 (2002)	통화총량법	통화 유통속도	동독	1990년	1 : 227.86
			헝가리		1 : 279.58
			폴란드		1 : 181.32
			체코슬로바키아		1 : 156.11
			유고		1 : 129.99
			루마니아		1 : 222.48
			중국		1 : 159.36
			동구권 평균		1 : 187.07
			전체 평균		1 : 182.53
			동독	2000년	1 : 753.69
			헝가리		1 : 924.75
			폴란드		1 : 599.74
			체코슬로바키아		1 : 516.35
			유고		1 : 429.97
			루마니아		1 : 735.91
			중국		1 : 527.10
			동구권 평균		1 : 618.76
			전체 평균		1 : 603.76

김태균(2003)은 2002년 북한의 7·1 조치 이전(2002년 1월 ~ 6월)과 이후(2002년 7월 ~ 12월)로 구분하여 북한의 통화량을 추정한 후 2002년 한국은행이 기존 통화 지표 대신 새로운 통화 지표로 개편한 것을 중심으로 구 통화 지표와 신 통화 지표에 해당하는 남북한 화폐교환비율을 〈표 8〉처럼 추정[10]하였다.

---

10. 상세 내용은 김태균(2003) 참조.

<표 8> 통화총량법에 의한 남북한 화폐교환비율
[김태균]

(북한 원 : 남한 원)

연구자	모형	모형 세부	구분	기준	교환비율
김태균(2003)	통화총량법	통화 유통속도	구 M1	2002년	1 : 108.22[i]
					1 : 1.56[ii]
			구 M2		1 : 889.27[i]
					1 : 12.84[ii]
			신 M1	2002년	1 : 485.9[i]
					1 : 7[ii]
			신 M2		1 : 1,494.5[i]
					1 : 21.58[ii]

i) 북한의 대미 달러 환율 2.21(2002년 1월 ~ 6월)
ii) 북한의 대미 달러 환율 153(2002년 7월 ~ 12월)

안재욱(2005)은 중국의 통화유통속도를 이용해서 북한의 통화량을 추정하여 남북한 화폐교환비율을 <표 9>와 같이 추정[11]하였다.

<표 9> 통화총량법에 의한 남북한 화폐교환비율
[안재욱]

(북한 원 : 남한 원)

연구자	모형	모형 세부	구분	기준	교환비율
안재욱(2005)	통화총량법	통화 유통속도	C	1989년	1 : 200.385

C : 중국의 통화유통속도 10.18

---

11. 상세 내용은 안재욱(2005) 참조.

서양원(2006)은 하성근(1997)이 추정한 마샬 k 0.57을 이용한 방법과 남한 대비 북한의 생산능력이 3%인 점을 감안한 방법, 이렇게 두 가지로 구분하여 남북한 화폐교환비율을 추정[12]하였다. 〈표 10〉이 그 결과이다.

〈표 10〉 통화총량법에 의한 남북한 화폐교환비율
[서양원]

(북한 원 : 남한 원)

연구자	모형	모형 세부	구분	기준	교환비율
서양원(2006)	통화총량법	통화 유통속도	D	2004년	1 : 0.6222
			E		1 : 0.9988

D : 1988년 헝가리, 체코, 루마니아 및 1979년 중국의 마샬 k의 평균치 0.57
E : 남북한 GDP 격차로 본 남한 대비 북한의 생산능력 3% 감안

신용도(2013)는 남북한 통일 이후의 물가 안정을 최우선하면서 1989년 동구권 사회주의 국가들의 통화 지표별 평균 통화유통속도(현금통화 10.7, M1 4.9, M2 2.0)를 이용하여 현금통화, M1, M2 등의 통화 지표별 남북한 화폐교환비율을 〈표 11〉처럼 추정[13]하였다.

---

12. 상세 내용은 서양원(2006) 참조.
13. 상세 내용은 신용도(2013) 참조.

<표 11> 통화총량법에 의한 남북한 화폐교환비율

[신용도]

(북한 원 : 남한 원)

연구자	모형	모형 세부	구분	기준	교환비율
신용도(2013)	통화총량법	통화 유통속도	현금통화	2012년	1 : 7.69
			M1		1 : 18.96
			M2		1 : 38.46

그러나 신용도(2013)의 본문 내용 중 '〈표4〉의 북한 실제 통화량(억 원)'은 2012년 기준 북한의 대미 달러 환율을 100(북한 원/달러)으로 고정 후 여기에 명목 GNI 297.09(억 달러)를 곱하고 이를 다시 각 통화 지표별 통화유통속도로 나누어 추정한 것으로 판단되는데 그 값은 각각

2,776.542(북한 원)(=297.09×100÷10.7)

6,063.061(북한 원)(=297.09×100÷4.9)

14,854.5(북한 원)(=297.09×100÷2.0)

등으로 약간의 수정이 필요하다고 판단된다. 이를 토대로 남북한 화폐교환비율을 재추정하면 〈표 12〉와 같은데, 현금통화나 M1에서는 기존 값과 큰 차이를 보이지는 않으나 M2에서 약간의 차이를 보이고 있음을 알 수 있다.

〈표 12〉 통화총량법에 의한 남북한 화폐교환비율(수정 후)
[신용도]

(북한 원 : 남한 원)

연구자	모형	모형 세부	구분	기준	교환비율
신용도(2013)	통화총량법	통화 유통속도	현금통화	2012년	1 : 7.688
			M1		1 : 18.954
			M2		1 : 31.481

통화총량법 관련하여 기존 선행 연구들의 남북한 화폐교환
비율 추정치를 종합하면 〈표 13〉과 같다.

〈표 13〉 통화총량법에 의한 남북한 화폐교환비율
[종합]

(북한 원 : 남한 원)

연구자	모형	모형 세부	구분	기준	교환비율
이명규 · 김대우 · 장원태(1995) & 황의각 · 장원태 (1997) & 장원태(1997)	통화 총량법	통화 유통속도	A	1994년	1 : 267.430
			B		1 : 541.377
이영섭 (1996, 1997)			동독	1994년	1 : 285.66
			헝가리		1 : 350.37
			폴란드		1 : 277.30
			체코슬로바키아		1 : 195.69
			유고		1 : 162.96
			동구권 평균		1 : 227.27
			중국		1 : 199.76

연구자	모형	모형 세부	구분	기준	교환비율
하성근(1997)			C	1995년	1 : 271.4
P. J. Kim(1997)			현금통화	1995년	1 : 30.5
			M1		1 : 68.5
이원기 · 이대기 (1997)			현금통화	1994년	1 : 215 ~ 232
김종희(1997)			현금통화	1999년	1 : 245.4
전홍택 · 이영섭 (2002)	통화 총량법	통화 유통속도	동독	1990년	1 : 227.86
			헝가리		1 : 279.58
			폴란드		1 : 181.32
			체코슬로바키아		1 : 156.11
			유고		1 : 129.99
			루마니아		1 : 222.48
			중국		1 : 159.36
			동구권 평균		1 : 187.07
			전체 평균		1 : 182.53
			동독	2000년	1 : 753.69
			헝가리		1 : 924.75
			폴란드		1 : 599.74
			체코슬로바키아		1 : 516.35
			유고		1 : 429.97
			루마니아		1 : 735.91
			중국		1 : 527.10
			동구권 평균		1 : 618.76
			전체 평균		1 : 603.76
김태균 (2003)			구 M1	2002년	1 : 108.22 [i]
					1 : 1.56 [ii]
			구 M2		1 : 889.27 [i]
					1 : 12.84 [ii]
			신 M1		1 : 485.9 [i]
					1 : 7 [ii]
			신 M2		1 : 1,494.5 [i]
					1 : 21.58 [ii]

			C	1989년	1 : 200.385
안재욱(2005)	통화 총량법	통화 유통속도	D	2004년	1 : 0.6222
서양원(2006)			E		1 : 0.9988
신용도(2013) 수정 전			현금통화	2012년	1 : 7.69
			M1		1 : 18.96
			M2		1 : 38.46
신용도(2013) 수정 후			현금통화	2012년	1 : 7.688
			M1		1 : 18.954
			M2		1 : 31.481

A : 사회주의 평균 유통속도 1.74
B : 남한의 1974년 통화유통속도 3.324
C : 중국의 통화유통속도 10.18
D : 1988년 헝가리, 체코, 루마니아 및 1979년 중국의 마샬 k의 평균치 0.57
E : 남북한 GDP 격차로 본 남한 대비 북한의 생산능력 3% 감안
i) 북한의 대미 달러 환율 2.21(2002년 1월 ~ 6월)
ii) 북한의 대미 달러 환율 153(2002년 7월 ~ 12월)

위 〈표 13〉 통화총량법 관련 諸 남북한 화폐교환비율[종합]을 기초로 2016년 기준 통화총량법에 의한 남북한 화폐교환비율을 추정하기 위해 연구자는 식 (2)를 이용하되 신용도(2013)가 추정했던 방법론을 준용하여 2016년 기준 통화총량법에 의한 남북한 화폐교환비율을 추정하고자 한다.

통화유통속도는 신용도(2013)가 이용한 1989년 기준 동구권 사회주의 국가들의 평균 통화유통속도를 그대로 이용한다.

ECOS 한국은행 경제통계시스템의 〈표 14〉 남북한 명

목 GNI 및 대미 환율 추이에 따르면 2016년 기준 남한(남한 1,646,209십억 원) 대비 북한(남한 36,373십억 원)의 생산능력은 2.2095%(=36,373÷1,646,209)임을 알 수 있다.

〈표 14〉 남북한 명목 GNI 및 대미 환율 추이

(GNI 단위 : 십억 원, 환율 : 원/달러)

	남한		북한	
	GNI	환율	GNI	환율
2010	1,266,580	1,156.26	30,049	101.3
2011	1,340,530	1,108.11	32,438	98.3
2012	1,391,596	1,126.88	33,479	101.5
2013	1,439,644	1,095.04	33,844	99.7
2014	1,490,764	1,053.22	34,236	99.8
2015	1,568,383	1,131.49	34,51	108.8
2016	1,646,209	1,160.5	36,373	108.4

ECOS 한국은행 경제통계시스템에서 발표한 2016년 기준 계절 조정된 남한의 각 통화 지표별 연평균 평잔은 〈표 15〉와 같다.

<표 15> 계절조정된 남한의 각 통화 지표별 연평균 평잔

연	현금통화 (조원)	M1 (조원)	M2 (조원)
2016	137.5	734.5	2,342.7

식 (2)에 신용도(2013)의 통화유통속도를 반영하여 추정한 2016년 기준 남한 대비 북한의 생산능력을 감안한 북한의 적정 통화량은 〈표 16〉과 같다.

<표 16> 각 통화 지표별 북한의 적정 및 실제 통화량(2016년 기준)

통화 지표	남한 실제 통화량 (남한 억 원)	북한 적정 통화량 (남한 억 원)
현금통화	1,375,000	30,380.64
M1	7,345,000	162,287.83
M2	23,427,000	517,619.74

북한 적정 통화량 = 남한 실제 통화량 × 2.2095%

2016년 북한 명목 GNI 313.43(억 달러)[14], 북한의 대미 달러 환율 108.4(북한 원/달러) 등을 이용하여 〈표 16〉에 북한 실

---

14. 36,373십억 원(2016년 북한 GNI) × 10 ÷ 1,160.5(2016년 대미 환율,남한 원)

제 통화량(북한 억 원)을 추가하는데 그 추가하는 값은 각각

3,175.3095(북한 원)(=313.43×108.4÷10.7)

6,933.8392(북한 원)(=313.43×108.4÷4.9)

16,987.906(북한 원)(=313.43×108.4÷2.0)

등과 같다. 이를 바탕으로 통화총량법에 의한 2016년 기준 통화 지표별 남북한 화폐교환비율은 〈표 17〉과 같다.

〈표 17〉 2016년 기준 통화총량법에 의한 남북한 화폐교환비율

(북한 원 : 남한 원)

통화 지표	북한 적정 통화량 (남한 억 원)	북한 실제 통화량 (북한 억 원)	남북한 화폐교환비율
현금통화	30,380.64	3,175.3095	1 : 9.5678
M1	162,287.83	6,933.8392	1 : 23.4052
M2	517,619.74	16,987.906	1 : 30.4699

남북한 화폐교환비율 = 북한 적정 통화량 ÷ 북한 실제 통화량

위에서 살펴본 것과 같이 2016년 통화총량법을 이용하여 추정한 남북한 화폐교환비율은 북한 원 : 남한 원 기준, 1 : 9.5678 ~ 30.4699의 범위로 추정된다. 그리고 통화총량법에 의한 방법으로 이를 추정하는 과정에서 〈표 16〉 각 통화지표별 북한의 적정 및 실제 통화량(2016년 기준)에 나타난 바와 같이 2016년 기준 남한 실제 통화량과 북한 적정 통화량 비율은 M2 기준 약 45:1에 해당하는 것으로 추정된다. 그렇다면 이러한 추정결과를 현재의 시점인 2018년 4월에도 전용할 수 있는지에 대해 검토해 보기로 한다.

2018년 4월 기준 전용가능성

한국은행 자료에 의하면 2016년 기준 남한의 M2는 약 2,343조 원, 이후 2018년 4월 기준 M2는 2,590,840.7십억 원, 약 2,600조 원으로 그 사이 약 250조 원이나 증가하였다. 엄격한 의미에서 경제력과 통화량이 반드시 비례관계에 있다고 볼 수는 없지만 최근 정치권과 금융 전문가들 사이에서 남북한의 경제력 차이가 40배 정도에 이르는 것으로 회자되고 있다.

반면에 북한은 2017년부터 현재까지 UN과 미국의 대북제

재로 인해 사상 초유의 경제제재를 받아왔다. 장마당 활성화
는 최근의 현상일 뿐이고 대북제재로 인한 경제적 충격을 감
안하면 북한의 통화량에 크게 영향을 미치지 못했을 것으로
예상된다.

그렇다면 2017년 이후 대북제재로 인해 악화된 북한의
경제사정, 약 250조 원이나 증가한 남한의 M2, 40배 차이
가 나는 남북한의 경제력 차이 등을 종합적으로 고려할 때
2016년 기준 남한 실제 통화량과 북한 적정 통화량의 비율
은 2018년 4월에 비해 감소한 것이 아니라 실제로는 증가했
을 것이라는 강한 추측을 할 수 있다. 이와 같은 이유로 현재
의 북한 적정 통화량은 2016년에 비해 상대적으로 줄어들게
될 것이다. 따라서 2016년의 추정치는 2018년 4월의 북한
적정 통화량을 충족시킬 수 있는 실제 비율을 상회하고 있다
는 결론에 도달한다.

본 연구자가 통화총량법에 의한 2013년 기준 남북한 화폐
교환비율을 산정했을 때는 남북한 통화량의 비율이 약 43:1
로 추정되었다.[15] 2016년을 기준으로 했을 때의 통화량 비율

---

15. 남오연(2015), 『남북의 황금비율을 찾아서』, 행복에너지, PP113-114

은 2013년에 비해 다소 증가하였지만 큰 차이는 보이지 않는 점을 고려해본다면 2016년 기준 북한 적정통화량 추정치 및 남북한 화폐교환비율을 2018년 4월에 전용하더라도 큰 수치상의 오류를 범하지 않는다는 최종 결론에 이른다.[16]

2018년 4월 기준 한국의 M2가 약 2,600조 원이므로, 2018년 4월 기준 북한 적정 통화량은 45:1의 비율을 적용하면 남한 원화 약 58조 원으로 추정된다. 이러한 추정치는 엄연히 경제적 측면이므로, 남한이 북한에 실제로 제안할 때는 정치적인 선택까지 가미된 화폐교환비율과 통화량을 산정해야 함은 이미 설명하였다. 여기서 말하는 정치적 선택을 이해하기 위해 외국의 사례를 먼저 살펴보기로 한다.

동·서독의 화폐통합

급진적 통일을 이룬 동·서독 화폐통합의 사례를 보면 정치

---

16. 물론, 남북한 화폐교환비율은 〈표 16〉 2016년 기준 통화총량법에 의한 남북한 화폐교환비율에서 북한 실제 통화량을 산출할 때 북한 원화의 시장 환율이 아닌 공식 환율을 적용했다는 지적이 있을 수 있다. 하지만 북한 장마당에 출입하는 미국 국적의 사업가로부터 취득한 정보에 의하면 달러 암시장은 그 규모가 매우 작고, 그 거래되는 규모도 매우 미비하다고 하므로 암시장의 환율을 시장 환율로 간주하기 어렵다는 점, 오라스콤의 사례에서 보듯이 시장환율보다는 공식환율을 적용할 경우 화폐교환비율에 대한 북한의 수용가능성이 높아진다는 점 등을 고려해서 차선책으로 공식 환율을 적용하였다.

적 선택이 가미될 수밖에 없는 이유가 더욱 분명해진다. 동서독 화폐통합의 방식은 크게는 1:1교환, 1:2교환, 1:3교환으로 나누어 살펴볼 수 있다. 1:1교환은 임금, 봉급, 장학금, 연금, 임대료, 부양수당 등 반복적, 정기적 소득과 개인의 현금 및 예금에 대하여 적용하며, 14세 이하는 2,000마르크, 15~59세는 4,000마르크, 60세 이상은 6,000마르크의 상한선을 두었다. 1:2교환은 채권 및 채무, 현금 및 예금 중 위 상한선을 초과하는 금액, 생명보험 및 민간연금, 보험회사의 지급액, 비거주자의 1989년 12월 31일 이전 은행예탁금에 대하여 적용하였다. 마지막으로 1:3교환은 비거주자의 1990년 1월 1일 이후 은행예탁금에 대하여 적용하였다.[17] [18]

이러한 방식에 대하여 부정적인 의견이 많다. 대표적으로 당시 화폐통합이 동독 주민의 1:1교환비율 요구를 지나치게 적극적으로 수용하여, 동독주민의 소비는 늘었으나 그 반작용으로 동독 주민의 임금이 지나치게 상승했고, 결과적으로 동독기업들이 파산하여 대량실업의 문제가 나타났다는 점이 지적된다.[19] 또 당시 서독 정부는 구동독 지역의 경제수준을

---

17. 상세 내용은 김원기 · 이자형(1997) 참조.
18. 여기서의 비율은 서독마르크 : 동독마르크의 비율을 나타냄.
19. 상세 내용은 이은영(2015) 참조.

서독 수준으로 빠른 시간 내에 올릴 수 있을 것이라 예측하고 통일 독일은 이전의 서독보다 더욱 강성한 국가가 될 수 있을 것이라 판단했으나, 결과적으로는 계속 지출된 통일 비용이 오히려 독일경제 전반을 하향시켰다는 지적도 있다.[20] 결국 남북한 화폐통합 역시 남한의 경제적 능력을 가능한 정확하게 평가해야 하고, 그래서 그 범위 안에서 남북한 모두가 수용할 수 있는 정치적 선택을 해야 하는 지혜가 필요함을 또 다시 상기하게 한다.

독일의 화폐통합 사례에 대한 부정적인 비판으로 인해 남북한 단일화폐 유통에 대해 회의적으로 생각할 수도 있다. 그런데 독일의 화폐통합과 남북한 단일화폐의 유통은 비슷해 보이지만 분명한 차이가 있다. 서독은 통일 독일이라는 하나의 정치체제로 가면서 화폐통합과 동시에 그 당시 동독이 안고 있는 모든 부채를 부담하는 정치적인 선택을 하였다. 서독으로서는 엄청난 경제적 부담이었을 것이다. 하지만 남북한 단일화폐의 유통은 서로 다른 정치체제를 유지하면서 단일 시장 창출을 위해 지속가능한 공동운명체 간에 경제협력을 하는 구조다. 그리고 남북한 단일화폐 유통과 동시에 북한의 경제 개발에 따른 모든 채무를 남한이 떠안는 것이

---

20. 서양원(2008). 『화폐통합이론과 남북한에의 적용』, 연세대학교 통일연구원, p.71

아니기 때문에 차이는 극명하다.

  화폐통합에 따른 독일의 부정적 비판들의 공통점은 서독이 동독의 경제적 능력 및 잠재력을 지나치게 과대평가했다는 것에 근거를 두고 있다. 이처럼 독일에서 일어났던 비판은 남북한 단일화폐 유통에 따른 불협화음을 최소화시킬 수 있는 노력을 해야 한다는 반면교사의 사례일 뿐, 그와 같은 비판에 대한 두려움 때문에 단일화폐 유통에 대한 시도 자체를 포기하는 것은 어리석은 일이다. 상기와 같은 독일의 비판적인 여론에도 불구하고 현재 독일은 EU의 맹주가 되어 있다. 독일 국민의 검소함과 뛰어난 기술력, 합리적인 재정정책 등 여러 가지 요소가 복합적으로 작용했을 것이다. 하지만 화폐통합으로 인해 확대된 단일시장이 주는 잠재력이 오늘의 독일이 있게끔 한 중요한 원동력임을 잊어서는 안 된다. 이러한 사실은 남북한 역시 비록 정치체제는 구별된다고 할지라도 단일화폐를 유통시킴으로써 단일 시장을 공유하고, 이를 발판 삼아 동북아시아의 맹주가 되도록 남북한이 노력해야 한다는 정치적 교훈을 남긴다.

마셜 플랜(Marshall plan)

제2차 세계대전 종전으로 인해 전쟁 물자를 유럽에 공급하며 무역흑자를 실현해 온 미국 경제는 수출길이 막히게 되었다. 전쟁으로 초토화된 유럽은 미국의 상품을 구매하기는커녕 재건을 위한 자금도 없었다. 유럽 재건이 없다면 미국 경제는 쇠퇴할 수밖에 없는 심각한 상황에 직면한 것이다. 그런데 유럽은 국제부흥개발은행IBRD에서 대규모 차입을 꺼려하고 있었다. 차입금에 대해 차후에 원금과 이자를 합쳐서 반환해야 하기 때문이다. 그래서 미국은 유럽 재건을 위해 직접 원조를 결정하고 1948년부터 1954년 사이 약 8년 동안 서유럽 국가들에 지금 달러 가치로 환산하면 엄청난 액수인 170억 달러를 제공하는 마셜 플랜을 진행했다. 일단 유럽에 달러가 유통되면 유럽은 재건을 위한 자금을 확보하게 되고, 결과적으로 유럽은 미국의 장기 고객 및 무역 파트너가 되기 때문이다. 유럽이 재건에 성공해 미국 상품을 매입하면 그 돈은 자연히 미국으로 다시 되돌아오므로, 결과적으로 왼손에 있는 것을 오른손으로 옮기는 것뿐이라는 사실을 알았던 것이다. 이러한 마셜 플랜의 지원에 힘입어 유럽에는 달러의 유통이 충분히 이루어졌고, 미국과의 무역거래를 확대해 나가면서 유럽과 미국은 경제 위기를 넘어가는 원─윈Win-

Win을 이루었다.[21]

  마셜 플랜의 교훈은 3가지다. 첫째는 미국이 유럽 재건을 위해 사회간접시설에 직접 투자한 것이 아니라 170억 달러를 유럽에 제공하는 형태로, 즉, SOFT 인프라를 지원했다는 점인데, 남북한 단일화폐 유통의 필요성과 상통한다. 둘째는 미국은 170억 달러를 유럽이 차입하도록 한 것이 아니라 직접 원조했다는 점이다. 미국이 원조한 170억 달러는 유럽 재건 시장을 위해 투자한 돈이 된 셈인데, 경제학적 수치로 결정한 것이 아니라 그 당시 미국의 경제력 범위 안에서 정치적 선택을 한 것이다. 이런 측면에서 볼 때 남북한 화폐통합 역시 남한의 경제적 범위 안에서 남북한 모두가 수용할 수 있는 범위 내로 상호 간에 정치적인 접근을 해야만 한다는 결론에 이른다. 세 번째 교훈은 미국이 마셜플랜을 진행함으로써 달러가 브레튼우즈 체제에 기반한 기축통화로 자리 잡을 수 있는 밑거름이 되었다는 사실이다. 기축통화가 가지는 경제적 이득은 매우 엄청나다. 미국은 윤전기를 돌려 달러 표시만 해 둔 종이를 들고 해외 시장 어디라도 자유롭게 거래한다. 종이가 금덩어리가 된 것이나 마찬가지다. 그래서 미국 입장에서 볼

---

21. 왕양 지음·김태일 옮김(2017). 『환율전쟁』, 평단, 경기도, pp 117-192

76

때 달러가 기축통화가 되는 순간 글로벌 시장은 미국 중심의 단일 시장체제로 변한 것이다. 감히 상상할 수도 없는 엄청난 경제적 이득이다. 마셜플랜의 가장 큰 과실이 글로벌 시장의 단일 시장화라면, 남북한 단일화폐 유통의 가장 큰 과실은 남북 단일 시장 완성이 되는 것이다. 다만, 미국의 마셜플랜은 결국엔 자국의 경제적 이익을 증가시키기 위한 수단이지만, 남북한 단일화폐 유통의 궁극적 목적은 위에서 설명한 바와 같이 지속가능한 공동운명체로서 한반도 국부의 보전·창출에 있다는 것이 본질적인 차이점이다.

나가면서

통일독일의 화폐통합과 미국의 마셜플랜에서 살펴본 것처럼 남북한 화폐통합에서 정치적 선택은 필요충분조건이라고 볼 수 있다. 앞서 추정한 2018년 4월 기준 북한 적정 통화량은 남한 원화로 58조 원이다. 일단, 경제적 측면에서 볼 때 북한에 유통되어야 하는 단일화폐의 통화량이 남한에서 심각하게 우려할 정도가 아니다. 삼성전자가 2017년 7월 보도자료를 통해 밝힌 2017년 2분기 연결기준 매출이 60조 원임을 비추어 보면, 추정된 북한 적정 통화량의 수치가 갖는 의미가 피부로 느껴질 것이다. 다시 말해서 남한이 남북한 화폐통합 과정에서 부담해야 하는 비용은 생각보다 많지 않다는 결론에 이른다. 남북한 화폐통합에 있어서 자신감을 가질수 있게 하는 매우 중요한 부분이다. 물론, 단일화폐를 유통시키는 과정에서 전산시스템도 함께 변경해야 하는 부수적비용이 들겠지만, 미국의 마셜플랜에서 본 것처럼 단일 시장에 단일화폐가 유통됨에 따른 이득을 생각해야 한다. 결국이런 부수적 비용은 정치·경제적 선택 안에 포함되는 요소로서 조족지혈에 불과하다. 남한은 이렇게 58조 원으로 추정된 북한의 적정 통화량에 향후 북한의 통화증가율, 즉, 물가상승률과 북한의 경제성장률, 북한 주민의 생계에 필요한 가처분소득의 범위 등까지 고려하고, 또한, 남한이 수용할 수있는 경제적 범위 내에서 과감한 정치적 선택을 해야만 남북한 모두의 수용가능성을 높일 수 있다.

한편, 북한 적정 통화량이 약 58조 원으로 추정되므로 단일 화폐 유통의 전단계에서 중간결제수단으로 SDR(특별인출권)을 사용하더라도 현재 남한의 외환보유고 사정에 비추어 볼 때 남북 경협에 요구되는 유동성 부족 현상은 후술하는 바와 같이 크게 걱정할 필요가 없을 것으로 보인다. 한국은행 보도자료에 따르면 2018년 6월 말 우리나라의 외환보유액은 4,003억 달러이고, 이 중 SDR은 32.6억 달러로서

0.8%를 차지하고 있다. 환율 1,100원/달러를 적용할 경우 SDR은 약 4조 원에 해당된다. 북한 적정 통화량 약 58조 원에 비하면 부족하지만 SDR은 개성공단, 금강산 관광사업 그리고 경제특구로 유입되는 단계적 유통 과정에서 남북한 단일화폐로 통합되기 전에 한시적으로만 사용되는 중간결제수단이므로 약 4조 원의 범위에서 그 사용기한을 정해두면 유동성 문제는 해결할 수 있다.

가령, 남북한이 북한의 적정 통화량을 남한 원화로 60조 원인 것으로 보고, 2018년 7월부터 개성공단과 금강산관광사업에서 시뮬레이션을 거친 후 향후 5년 동안 경제특구지역으로 확대하는 등의 단계적 유통과정을 거치는 것으로 합의했다고 가정해 보자. 2018년 국가예산의 총수입이 447.2조 원, 총지출이 428.8조 원인 점을 감안하면 60조 원이 적은 돈은 아니다. 하지만 이러한 합의는 남북한 모두에게 이득이 된다. 우선, 중간결제수단을 한시적으로 사용하면서 경제특구로의 단계적 유통 과정을 거치면 화폐통합에 따른 오류를 시정해 나갈 수 있다. 그리고 남한은 그러한 단계적 과정에서 경제적 부담을 나눌 수 있고, 북한은 단일화폐 유통에 따른 체제안정의 위협을 다스려 나갈 수 있다. 지속가능한 공동운명체가 되기 위해 첫 발을 내딛는 것으로서 남한의 경제적 범위에서 북한의 수용가능성이 높은 정치·경제적 요소가 가미된 실효성 있는 화폐통합 방안이 된다. 개성공단과 금강산관광사업에서 유통될 단일화폐 혹은 중간결제수단은 남북한 간에 합의된 북한 적정 통화량 60조 원 중 극히 일부이며, 어쩌면 1조 원이 안 될 수도 있다. 2018년 국가 예산 총수입 447.2조 원 중 약 400분의 1도 안 되는 작은 규모로 지속 가능한 공동운명체로 가는 첫 실타래를 푸는 것이다. 따라서 남한에서 국내 여론과 비용 부담 문제로 남북한 화폐통합을 머뭇거릴 이유가 없다. 통일독일은 정치·경제적 통합이었고, 서독이 동독의 모든 채무를 한꺼번에 떠안았기 때문에 비용이 클 수밖에 없었다. 통일독일에 들어간 비용을 두고 언론에서 남북한의 통일비용이 천문학적인 수치에 이를 것이라고 말하지만 남북한 화폐통합이 위와 같은 단계적 유통과정을 거치면 해결할 수 있는 문제다.

한편, 북한의 적정 통화량 문제는 이처럼 남한이 수용가능한 범위에 있다고 하더라도, 남한에서 화폐교환비율을 실제로 어느 정도까지 인정할 것인가 하는 예민한 문제를 고민하지 않을 수 없다. 가령, 모든 요소를 배제하고 현재의 남북한 경제 규모와 현재의 화폐가치 등 경제적 요소만 고려해서 산정된 결과가 남한 원 : 북한 원 기준, 1:10이고 중간결제수단을 한시적으로 사용한다고 가정하자. 그렇다면 남북한이 실제 화폐교환비율을 확정함에 있어 1:10으로 정할 것인지, 아니면 그 비율을 1:15와 같이 북한 원화를 평가 절하할 것인지, 아니면 북한 원화를 평가 절상해서 1:5로 정할 것인지에 대해 상호 간에 합의를 하게 될 것이다.

우선 경제적 수치로만 판단된 1:10의 비율이 합리적인 것처럼 보인다. 하지만 1:10의 비율은 부족한 북한 통계자료에서 추정되었을 비율이라는 점에서 합리적인 수치로 단정할 수 없다는 기본적인 한계가 있다. 논란거리만 양산할 뿐이다. 실제로 협상 과정에서는 북한 원화를 평가 절상할 것인지, 아니면 평가 절하할 것인지를 두고 상호 간에 치열한 논쟁이 벌어진다고 봐야 한다. 따라서 1:10의 비율은 현실성이 없다. 한편, 1:15의 비율은 북한이 동의할 가능성이 전혀 없다. 후술하는 바와 같이 두 개의 정치체제가 존재하는 지역에 단일화폐의 유통을 위해서는 유럽통화동맹EMU과 같이 가입국이 통화주권을 포기하고 가입국 전체와 통화주권을 공유해야 하는데 북한이 통화주권을 포기하면서 북한 원화의 평가 절하까지 수용할 것을 기대할 수 없기 때문이다. 그리고 1:15로 합의가 된다면 남한에 이득일 것 같지만 실상은 그렇지 않다. 북한 원화가 평가 절하되는 것이 남한 주민의 정서에는 맞을지 몰라도 오히려 경제적 측면에서는 1:5의 비율로 북한 원화가 평가 절상되는 것이 결과적으로는 남북한 모두에게 더 큰 이득이기 때문이다. 그 이유는 다음과 같다.

이를 판단하기 위해서는 다시 화폐의 본질로 돌아가야 한다. 실제 구매력에 대한 대중의 신뢰가 종이에 수치로 표현된 것이 화폐다. 따라서 북한 원화가 평가 절하되는 1:15의 경우는 실제 구매력이 낮아지고, 반대인 경우는 실제 구매력이 높아지는 것을 의미한다. 한편, 남한의 자본과 물류의 이동 속도가 빠를수록, 그리고 그 규모가 커질수록 북한의 시장화는 가속될 수밖에 없다. 이를 위해서는 북한 원화의 구매력을 높일 필요가 있다. 가령, 1달러에 1,000원보다는 1달러에 500원의 환율이 적용될 때 미국산 물건이 남한에 더 많이 유입되는 것과 같다고 생각하면 이해가 쉽다. 다시 말해서 북한 원화의 구매력이 높아질수록 남한 물건을 북한에 그만큼 많이 팔 수 있다는 얘기다. 북한을 시장화하기 위해서는 남한의 기업이 북한에 자금을 투자해서 북한에서 생산된 물건을 북한 주민에게도 팔 수 있어야 한다. 만약, 북한 원화의 구매력이 낮아서 남한에서 생산한 물건과 남한 기업이 북한에서 생산한 물건을 북한 주민에게 팔 수 없다면 굳이 화폐통합을 해야 할 이유가 없다. 뿐만 아니라 북한 원화의 구매력이 낮아질수록 남한 주민이 북한에서 일자리를 구할 이유가 없다. 북한에서 임금으로 북한 원화를 받았다고 하더라도 구매력이 떨어지기 때문에 남한 원화로 교환하면 남는 게 없기 때문이다. 결국, 북한의 시장화를 통한 남한의 일자리 창출 노력에도 보탬이 안 된다. 북한의 개발은 자본과 물류의 흐름이 관건인데, 북한 원화의 구매력이 낮으면 북한의 개발이 그만큼 늦어지고, 북한의 시장화 역시 그만큼 더 느려진다는 것이다.

더욱 중요한 것은 화폐교환비율을 1:15로 정하는 것보다 1:5로 책정하는 것이 결과적으로는 통일비용이 줄어든다는 사실이다. 앞서 설명한 것과 같이 단일화폐의 전면적 유통 이전에 중간결제수단을 한시적으로 이용해서 개성공단, 금강산관광사업부터 개시하고 북한의 경제특구지역으로 서서히 단계별로 확대해 간다면, 그 과정에서 남한 기업이 돈을 벌게 되고, 그 돈이 다시 북한에 재투자가 되는 선순환 구조가 형성된다. 다시 말해서 통일 비용을 서독처럼 현재의 자금력에서 한꺼번에 부담하는 것이 아니라 남한이 북한과의 단계적 경제협력을 통해 현재의 자금력을 단계적으로 키우고, 그 과정에서 통일 비용이 단계적으로 투입되는 구조이기 때문에 결과적으로 통일비용이 줄어드는 셈이다. 미국의 마셜플랜과 같이 유럽으로 건너간 돈이 다시 미국으로 돌아오는 것이다. 이렇게 북한의 시장화가 일정 수준 진척되면 중간결제수단을 단일화폐로 변경하고 남북 단일 시장을 완성할 수 있는 여건이 형성된다는 것이다.

화폐교환비율을 1:15로 정하는 것보다 1:5로 책정해야 하는 경제적인 이유가 몇 가지 더 있다. 북한이 화폐개혁에 실패한 가장 큰 이유는 북한 원화를 과다 발행했기 때문이다. 이것은 북한 원화가 정상적인 통화정책으로 발행되었다면 지금처럼 절하되지 않았을 것이라는 경제적 추측을 가능하게 한다. 그리고 북한 암시장에서 거래되는 달러는 그 규모도 작고, 거래량도 매우 미미해서 북한 전역에 걸쳐 유통되어야 할 북한 원화의 가치를 평가하는 데 사용하는 것은 부적절하다. 또한 암시장의 달러는 실패한 북한의 통화정책에 편승하여 북한 원화의 가치를 비정상적으로 절하시켰다. 이영섭(1993, 1996, 1997)은 환율 자체가 한 나라 화폐의 구매력을 제대로 반영하지 못하고 있음을 Economist(1993)의 IMF 연구 결과를 들어 설명[22]하였고, 전홍택·이영섭(2002)도 World Bank(2002)

---

22. 상세 내용은 이영섭(1993, 1996, 1997) 참조.

의 연구 결과를 들어 환율을 매개로 화폐교환비율을 추정하는 데에는 무리가 있음을 설명[23]하고 있는 점에서 비추어 볼 때, 비정상적인 암시장 환율을 북한 원화의 가치 평가에 포함시키는 것은 부적절하다. 따라서 북한이 정상적인 통화정책으로 북한 원화를 발행했을 경우 형성되었을 시장 환율을 판단함에 있어 북한 암시장에서 거래되는 소량의 달러와 북한의 실패한 통화정책, 위 이영섭 등 논거를 종합해 보면, 북한 원화가 비경제적으로 평가 절하된 부분을 당연히 고려하지 않을 수 없다. 그렇다면 남북한 화폐교환비율을 정함에 있어 이러한 비경제적 요소로 인해 북한 원화가 평가 절하된 부분을 감안해야 한다. 그렇다면 북한 원화를 평가 절하하는 것이 아니라 평가 절상하는 것이 올바른 경제적 판단이라고 본다.

북한 원화의 구매력을 높이는 것은 지금 현재의 경제적 요소로만 판단할 경우 비경제적인 판단이라는 평가를 받을 수 있다. 또한, 남한 주민의 정서에도 맞지 않기 때문에 비합리적인 선택으로 보인다. 그래서 화폐교환비율을 1:15가 아닌 1:5로 정하는 것은 정치적인 선택일 뿐이라고 비난할 수도 있다. 하지만 위에서 본 바와 같이 북한 원화의 구매력이

---

23. 상세 내용은 전홍택·이영섭(2002) 참조.

높아질수록 북한의 시장화가 촉진되고, 그 과정을 통해 통일 비용이 줄어드는 선순환 구조가 만들어진다는 역설적인 결과를 놓고 본다면, 1:5의 비율로 정하는 것은 정치적 선택을 넘어선 장기적인 안목의 경제적 선택이 될 수도 있다는 결론에 이른다.

경제적 선택인지 아니면 정치적 선택인지에 대한 평가는 그 판단 시점을 어디에 두는가에 따라 달라진다고 보아야 한다. 가령, 미국의 마셜플랜에서 미국이 유럽에 원조한 170억 달러는 그 당시만 보면 향후의 이익이 명확히 눈에 보이지 않고, 수치로도 표현할 수 없기 때문에 그 당시엔 정치적인 선택으로 평가될 수 있다. 하지만 그 판단 시점을 지금에 둔다면 달러를 기축통화가 되게끔 한 탁월한 경제적 선택으로 평가하지 않을 수 없다. 마찬가지로 화폐교환비율을 정함에 있어 북한 원화를 평가 절상하는 것 역시 현재 시점에서 판단한다면 정치적인 선택으로 보일 수도 있지만, 남북한 통일이라는 미래의 시점에서 판단한다면 통일 비용을 감소시킬 수 있는 경제적인 선택이 될 수 있는 것이다. 본 연구자 역시 북한의 적정 통화량과 화폐교환비율을 산정함에 있어 정치적인 선택을 해야 하는 것으로 표현을 했지만 현재의 시점에서 그러한 용어를 사용했을 뿐, 미래의 시점에서 본다면 과연 이러한 선택이 경제적인 선택인지 아니면 정치적인 선택인지 그 경계가 모호하다.

　단일화폐의 유통으로 남북한이 지속가능한 공동운명체가 된다는 것의 의미는 경제적 측면에서 이러한 선순환 구조가 구체화된다는 것이다. 다만, 북한 적정 통화량이 남한의 경제적 범위 내이어야 하듯이 화폐교환비율 역시 북한 원화를 평가 절상한다고 하더라도 남한의 경제력과 정서가 수용할 수 있는 범위에서 북한 원화의 구매력을 위와 같이 활용할 수 있는 수준이어야 함은 당연한 이치다.

한반도통화동맹
(KMU)

단일화폐, 또는 중간결제수단을 한시적으로 유통하더라도 그 발행량과 시기를 결정하는 주체의 문제, 즉, 통화주권의 문제가 있다. 2 국가체제가 통일되어 1 국가체제로 간 통일독일의 경우 통화주권에 대한 논쟁은 불필요하지만, 현재 남북한에는 분리된 정치체제로 인해 당연히 발생하는 문제다. 2개의 정치체제가 존재하고 있는 현실 여건상 결국 남북한은 통화주권을 공동으로 보유할 수밖에 없다. 따라서 통일독일과 같이 화폐통합을 하기는 어렵고, 유럽통화동맹EMU, European Monetary Union과 유사한 형식의 가칭 '한반도통화동맹 KMU, Korean Monetary Union'을 창설할 필요가 있다.

EU 화폐통합 과정

EU의 유로화 출범 과정은 점진적인 접근법의 대표적인 사례라 할 수 있다. EU 화폐통합의 시초는 1969년 유럽화폐동맹을 만들기로 합의한 것에서부터 시작한다. 이후 1978년, 구체적으로 9개국(독일. 프랑스. 이탈리아. 베네룩스 3국. 덴마크. 아일랜드. 영국)이 ECU라는 공동통화의 창설, 환율조정기구ERM, 신용공여장치라는 세 가지 핵심요소를 주요 내용으로 하는 유럽통화제도EMS를 실시하기로 하였다. 이후 그리스, 스페인, 포르투갈이 추가로 가입하여 12개국이 유럽통화제도의 회원국이 되었으며, 유로화 출범까지 공동통화의 역할을 어느 정도 수행했지만, 마르크화나 달러화에 비해 결제수단으로서의 기능을 강력하게 발휘하지는 못하였다.

1991년 유럽연합에 관한 조약이 당시 EC 정상 간 합의되었는데, 그 주요 내용은 EC의 명칭을 EU로 바꾸고 1997년에서 1999년까지 단일통화를 단계적으로 도입하기로 합의한 것이었다. 이후 1995년 12월 단일통화의 명칭이 EURO로 확정되었고, 1999년 1월부터 EU국가 중 영국, 스웨덴, 덴마크, 그리스를 제외한 11개국에서 결제통화로 등장하였으며, 2002년 7월 1일부터는 유로화의 사용범위가 소매업까

지 확대되었다.[1]

EU 화폐통합 내용

유로화 출범 이행계획 수립 당시, 일정한 조건을 충족하지 못하는 나라들은 화폐통합에 참여하는 화폐동맹 3단계에 끼워주지 않기로 하였다. 그 구체적인 조건은 소비자물가상승률이 EMU 회원국 중 가장 낮은 3개국의 물가수준평균치에 1.5%를 가산한 수준 이내이어야 하고, 1년 평균 장기금리가 소비자물가상승률이 가장 낮은 3개국의 장기금리수준에 2%를 가산한 수준 이내이어야 하며, 일반정부의 재정적자가 경상GDP 3% 이내이면서 그 누적채무가 경상GDP 60% 이내이어야 하고, 일정한 환율변동폭을 유지하면서 최근 2년간 회원국 통화 간 설정된 기준환율을 고수할 것이었다. 이렇게 화폐동맹 3단계 참가국을 결정한 후, 유럽중앙은행이 유럽통화기구 및 각 회원국의 통화주권을 인수하여 단일 통화정책을 수립하고 집행하는 업무를 시작하며, 2002년 6월 말이전에는 화폐통합을 완료하는 것을 목표로 하였다. 또한 각국이 과도한 재정적자를 내지 못하도록 하는 규율을 세우고

---

1. 조병호(2009), 「남·북한 화폐통합에 대한 고찰: 동·서독 및 EU 화폐통합 사례를 중심으로」, 고려대학교, pp.45-47.

벌과금제도를 도입하였다.[2]

EU 화폐통합에 대한 평가

준비기간이 약 40~50년에 이르는 유로화의 출범으로 인한 효과에 대해서는 비교적 안정적으로 정착된 화폐인 만큼 긍정적인 평가를 내리는 의견들이 다수 보인다. 유로화는 초국가화폐로서 미국 달러화 다음으로 많이 사용되는 준비통화이자 국제결제 통화의 지위를 획득하였을 뿐만 아니라, 유럽시민들에게는 공통의 화폐를 사용하면서 자유로운 직장 및 거주이동이 가능한 역내에서 느낄 수 있는 공동의 소속감을 키워주는 구심점을 제공하였다는 평가가 있다.[3] 또한 2008년 경제위기 당시 유럽권의 국가들 중 유로권의 안쪽에 있었던 국가들과 바깥쪽에 있었던 국가 간의 경제적 충격이 서로 달랐음을 지적하면서, 당시 경제적 충격에 크게 노출되었던 아이슬란드의 유로화 도입 논의와 유로권의 보호를 받지 못하고 직접 IMF에 구제금융을 요청할 수밖에 없었던 헝가리의 사례를 들며 유로화가 경제적으로도 구성국 간 보호

---

2. 서양원(2008). 『화폐통합이론과 남북한에의 적용』, 연세대학교 통일연구원. pp.114–115.
3. 상세 내용은 윤성원(2015) 참조.

막의 역할을 하여 주고 있다고 지적하는 의견이 있다.[4] 이들은 공통적으로 유로화가 이른바 '유럽정체성'에 막대한 영향을 끼쳤음을 지적한다.

반면 최근에 발생하고 있는 유로존의 경제적 위기상황 속에서 유로존 및 유로화 통합이 애초에 구조적으로 모순을 안고 있었다는 견해도 부상하고 있다. 회원국의 국가경쟁력을 무시하고 단일통화를 사용하면서 경상수지의 격차가 유로존을 북부 유럽과 남부 유럽으로 갈라놓았으며, 현 EU는 이를 교정할 수 있는 별다른 조정 메커니즘도 없다고 비판하는 주장이 있다. 이 견해는 그리스 경제위기를 위시한 유로존의 위기가 결국 독일과 프랑스 양국의 주도로 결정될 수밖에 없으며, 그럼에도 양측의 견해차가 있음을 또한 지적한다.[5] 최근 브렉시트에 관한 투표가 통과되면서, 유로화 통용의 기반이 되는 EU 자체의 존립에 의문을 던지는 경우도 있다.[6] 이들은 결국 EU의 화폐통합이 정치적 합의가 없다면 경제적 요인 자체만으로는 존립하기 어려움을 주장한다.

---

4. 상세 내용은 조홍식(2010) 참조.
5. 상세내용은 박재정(2016) 참조.
6. 상세내용은 강선구(2016) 참조.

한반도통화동맹(KMU)의 전망

통화정책의 공유, 재정정책의 독립이라는 구조는 KMU와 EMU가 동일하다. 하지만 회원국 수, 회원국 간의 경제력, 위에서 살펴본 북한 적정 통화량 등의 관점에서 볼 때 출범부터 운영에 이르기까지 차이를 보일 수밖에 없다.

EMU 회원국은 다수지만 KMU는 2개의 정치체제 간의 문제다. EMU 가입 회원국들은 자국의 이익을 위해 각자의 국내 정서, 산업구조, 경제력 등을 주장할 수밖에 없다. 따라서 화폐통합의 구체적 내용에 대해 회원국들의 입장이 녹아들기 힘들다. 유로화가 출범하는 데 있어 상당한 시간이 소요될 수밖에 없는 요인이었다. 하지만 KMU는 남한과 북한으로 협상 당사자가 줄어든다. 단일화폐 유통에 대한 국내 정서를 수렴하는 데 있어 남한에서는 갑론을박하겠지만, 북한은 정치구조상 남한보다 그럴 확률이 낮다. 그래서 KMU 출범을 위한 협상비용이 줄고, 합의 성공률도 상대적으로 더 높다. 그리고 EMU의 경우 회원국 간에 경제력이 40배나 차이가 나는 경우도 없었고, 위에서 살펴본 바와 같이 북한 적정 통화량은 단계적 유통 과정을 거치게 되면 남한이 우려할 정도가 아니라는 점에서 KMU의 실제 운영에 있어 남한이 유연성 있는 통화정책을 펼칠 수 있는 범위가 넓어진다. 따라서 실제 운영에 있어 의견 수렴 과정이나 통화 정책 집행 과정에 들어가는 비용은 EMU보다 상대적으로 작고, 그 효율성은 더 크다.

KMU를 논하려면 2008년 서브프라임 모기지 사태의 여파로 생겨난 그리스 사태를 살펴보지 않을 수 없다. 당시 그리스 정권의 무분별한 복지사업으로 인해 재정적자가 누적되어 있었다. 제조업보다는 고대 유적지가 바탕이 된 관광업이 주요 수입원인 산업구조의 특성상 환율에 특히 민감할 수밖에 없었다. 이러한 그리스 경제의 취약점이 통화정책의 공유, 재정정책의 독립이라는 EMU의 구조와 결합되어 결정타를 맞게 된 것이다. 해결책은 그리스가 통화주권의 회복을 위해 유로존을 탈퇴하고 자국화폐인 드라크마를 발행하여 화폐가치를 가시적으로 평가절하한 후, 대외적으로 흑자를 이루면 그 돈으로 빚을 청산하거나, 아니면 유로존에 잔류하고 긴축재정과 함께 회원국들의 구제금융을 받는 것이었다. 그런데 그리스는 정치·경제적 후폭풍을 우려하여 유로존에서 탈퇴하지 않았다. 자국민의 거센 저항이 두려워 기존의 무분별한 사회복지사업을 줄이는 긴축재정도 실시하지 못했다. 그리스의 선택은 국가 자산을 헐값에 팔아 상환기간이 임박한 채권부터 상환하는 빚잔치를 하면서 회원국들로부터 구제금융을 기다리는 것이었다. 하지만 구제금융은 EU의 맹주인 독일의 반대에 부딪혔다. 그래서 그리스의 경제위기는 아직도 진행 중이다. 이에 대해 통화정책의 공유, 재정정책의 독립이라는 EMU의 구조는 태생적으로 모순일 수밖에 없고, 경제학적 측면에서 보자면 '바보 같은 자해행위'라는 비판이 있다.

물론 청년 실업률이 10%를 밑도는 독일과 그 반대상황에 처한 이탈리아가 존재하는 경우에 동일한 통화정책 안에서는 각국에 필요한 재정정책을 자유롭게 실시할 수 없다는 EMU의 한계가 있는 것은 사실이다. 하지만 그리스 사태가 EMU의 태생적 구조에서 발생한다는 논리는 전적으로 동의할 수 없다. 만약 그렇다면 다른 회원국이 모기지론 사태를 버틸 수 있었던 이유를 설명할 수가 없다. 오히려 모기지론 사태를 최소화할 수 있었던 것은 튼튼한 경제 구조와 합리적인 재정정책 덕분이었다. 그리스의 정치인이 유권자의 표를 구걸하는 방만한 복지사업과 같은 불건전한 재정정책으로 적자를 유발시켰고, 산업 구조 역시 환율에 민감한 관광사업이었던 것이 경제 위기의 주요 원인이었다.

한편, 그리스 구제금융에 반대한 독일에 대해 EMU의 태생적 구조의 특성상 경제력이 강한 국가들이 돈을 모아 그리스와 같은 약체 국가에게 보조금을 지급할 각오를 처음부터 했어야 함을 지적하는 경제학자들이 있다. 수긍할 수 있는 입장이다. 왜냐하면 미국이 경제적으로 통합될 수 있었던 데에는 겉으로 드러나지 않았을 뿐 잘사는 주에서 돈을 모아 못사는 주를 보조해 주는 당시 미국인의 의식이 있었기 때문이다. 그렇지 않으면 못사는 주가 연방에 남을 이유가 없기 때문이다. 캘리포니아인은 알래스카인의 부채를 떠안기를 원했고, 미국 정부는 연방지출, 보조금 등을 통해 각 주의 재정 문제를 해결했다.[7] 독일이 그리스에 보조금을 지급하지 않은 부분에 대해서는 깊게 생각해봐야 한다. 독일의 반대 이유는 그리스에만 특혜를 줄 수 없고, 다른 회원국의 도덕적 해이를 불러일으킬 수 있다는 것이다. 독일은 과연 이런 리더쉽 수준으로 EU의 결속력을 대외적으로 천명하고 하나의 유럽이라는 이상을 실현할 수 있는 경제대국인지 스스로 질문해 보아야 한다.

---

7. 왕양 지음·김태일 옮김(2017). 『환율전쟁』, 평단, 경기도, pp 385-386.

먼델-플레밍 모델Mundell-Fleming Model은 개방경제하에서 정책당국의 재정정책과 통화정책의 효과에 대해 변동환율제에서는 경기부양을 위한 재정확대정책의 효과가 없다는 결론을 내렸다. 고정환율제도, 자본의 자유로운 이동, 화폐정책, 이 세 가지 요소를 동시에 만족시킬 수는 없다는 것을 수학적으로 증명한 것이다. 그럴 수밖에 없는 것이 위 3가지 요소의 경제적 효과는 서로 다른 방향성, 즉, 서로 다른 기호를 가지고 있기 때문인데 투표자들에게 세 개 이상의 서로 다른 대안이 제시될 때, 어떤 투표 제도도 공동체의 일관된 선호순위ranked preferences를 찾을 수 없다는 애로우의 역설Arrow's paradox과도 비슷한 맥락으로 이어진다. EMU 구조에 대해 '바보 같은 자해행위'라고 비판하는 경제학자의 태도는 먼델-플레밍 모델이나 애로우의 역설과 같은 연장선상에 있을 뿐이다. 다시 말해서 3개 이상의 기호가 존재하는 상태를 모두 만족시킬 수 있는 안정화된 제도는 사실상 존재하지 않음에도 불구하고, 이에 가입한 EMU 회원국들을 자해행위자로 비난하고 있는 것이다. 이런 경제학자의 입장에 따른다면 인간은 그 어떤 제도도 만들어서는 안 된다. 왜냐하면 그 제도가 적용되는 환경에는 반드시 3개 이상의 기호도가 존재하기 때문이다. 아무것도 하지 말자는 말과 같다.

따라서 그리스 사태나 유로화 위기는 통화정책과 재정정책의 분리라는 EMU의 구조적 한계에서 필연적으로 발생한 것으로 볼 수 없다. 유로화 위기는 먼델-플레밍 모델과 애로우의 역설에서 알 수 있듯이 모든 통화제도 자체가 가지는 불완전성에 그리스 정치인의 무책임함, 그리스의 산업구조, 독일의 리더십 부재 등의 원인들이 교차되면서 발생된 것이다. 하지만 유로화 위기에는 더 근원적인 이유가 숨어 있다. 하나의 유럽을 탄생시켜야 한다는 EU의 이상은 허상이었던 것이 바로 그것이다. EU의 후광에 편승하여 경제적 효과를 보거나, 각국의 정치적 이해관계를 EU 가입을 통해 해결하려는 동상이몽의 회원국들로 EMU는 넘쳐났던 것이다. 하나의 유럽 탄생을 진정으로 원했다면 그리스의 정치인은 방만한 재정정책을 펼쳐서는 안 된다. 독일도 마찬가지다. 만일, 위기상황이 벌어진다면 미국의 마션플랜까지는 아니더라도 과감하게 그리스에 대한 구제금융을 결정했어야 한다. 사실은 유로존 국가들이 하나의 유럽 탄생이라는 이상을 가슴속에 품지 않았던 것이다.

먼델-플레밍 모델, 애로우의 역설에서 말하는 제도의 불완전성을 다른 제도로 채우려 할 수 있지만, 새로운 그 제도 역시 불완전하기는 마찬가지다. 유로화 위기의 진정한 근원은 하나의 유럽 탄생이라는 이상에 대해 진정성이 없었기 때문이었다는 사실을 우리는 깊은 교훈으로 삼지 않을 수 없다. 즉, 모든 제도에 수반될 수밖에 없는 태생적 불완전성을 채울 수 있는 마지막 방법은 오로지 그 제도를 운영하는 사람의 진정성에 달려 있다는 것이다. KMU의 존립 근거는 지속가능한 공동운명체를 결성하고 남북 단일 시장을 통해 한반도 국부를 보전·창출하는 데 있다. 그렇다면 남한과 북한은 KMU의 이러한 존립 근거에 반드시 진정성을 품어야 한다. 그렇지 않으면 KMU의 제도적 한계가 위험으로 다가올 수도 있기 때문이다.

한반도 신경제구상론에서 말하는 남북 단일 시장 형성이 남한의 진심이라면, 남한은 그러한 진심을 북한이 확인할 수 있는 경제통합 방안을 먼저 북한에 제안해야 한다. 이것은 경제력을 감안할 때 당연한 이치다. 그리고 진정성이 가미된 경제통합 방안이라면 남한에서 먼저 제안한다고 해서 남한이 자존심 상할 일도 아니다. 그냥 당연히 제안해야 할 일일 뿐, 그 이상도 그 이하도 아니다. 하지만 수용여부는 북한이 결정할 문제다. 만약, 북한이 이를 수용한다면 북한 역시 KMU의 존립 근거에 대한 북한의 진심을 남한이 확인할 수 있을 정도의 수준으로, 남한 경제의 新성장동력이 될 수 있는 개발방식을 남한에 제시해야 한다. 물론, 상호 간의 제안 들에는 서로 돕지 않으면 남북한 모두 안심할 수 없는 균형 상태로서 지속가능한 공동운명체가 될 수밖에 없는 내용이 녹아 있어야 할 것이다.

한반도 신경제구상론이 넘어야 할 가장 큰 산은 북한의 수용가능성과 교류의 단절됨 없이 이를 지속할 수 있는 실 효성 있는 방안이라고 말한 바 있다. HARD 인프라에만 집 중된 투자 전략을 가진 외국과 달리 차별화 전략으로 SOFT 인프라에 대한 투자도 남한이 함께 진행한다면 한반도 신경 제구상론에 대한 북한의 수용가능성을 더 높일 수 있지 않 을까 생각해 본다. 남북한 화폐교환비율과 KMU의 창설이 결정적인 역할을 하게 될 것인데, 만일 북한이 이를 수용한 다면 남북 경협이 일시적으로 중단되거나 단절될 확률이 현 저히 떨어지는 실효성 있는 방안도 갖추게 된다. 왜냐하면, 북한이 남북 경협을 중단하거나 단절할 경우 남북한에 유통 되는 북한 소유의 단일화폐로 인해 북한으로서는 도저히 감 당하기 힘든 엄청난 정치·경제적 후폭풍이 기다리고 있기 때문이다. KMU를 통해 통화주권을 남북이 서로 공유하는 것은 뒤집어서 표현하면 공유된 통화주권이 서로에게 볼모 가 되어 있다는 것이다. 이로 인해 남북한이 공동운명체에서 함부로 벗어날 수 없는 균형상태로서 지속가능한 경제적 환경이 만들어지게 된다. 당연한 얘기겠지만 이에 대해 남북한 모두 진정성이 있어야 함은 아무리 강조해도 지나치지 않을 것이다.

CHAPTER 4

화폐
개혁의
시기

기존의 논쟁

김대우(1995)는 속도 측면에서는 EC^{European Community}처럼, 결과 측면에서는 통일 독일처럼 남북한 화폐통합이 이루어져야 한다고 제시하였다. 안재욱(1996)은 제도적 접근과 경제적 지원의 필요성을 언급하면서 아울러 남북한 경제통합 이전에 공동으로 관리 및 유지되는 시장 개설과 그 시장에서 통용되는 남북한 화폐교환비율의 필요성을 논의하였다. 황의각·장원태(1997)는 남북한 화폐교환비율 추정에 앞서 남북한 경제협력 및 경제통합 방안에 대한 심도 있는 논의를 선행하였다. 박석삼·랄프 밀러(2001)는 독일 경험에 비추어 남북한 경제통합의 방향을 제시하였다. 전홍택·이영섭(2002)은 시나리오별로 남북한 화폐 및 경제통합 방안을 제시한 후 남북한 화폐교환비율을 추정하였다. 신동진(2003)은 통일 독일처럼 남북한 화폐교환비율을 추정하는 것보다는 사적 소유를 전제로 한 북한의 화폐 개혁의 선행이 필요하다고 제시하였다. 조문환(2003)은 남한의 흡수통합 방식보다는 단계적인 체제 조정을 통하여 경제적 부작용을 최소화하는 방안을 모색하였다. 박종철·김인영·김인춘·김학성·양현모·오승렬·허문영(2004)은 경제통합뿐만 아니라 더 큰 그림인 통일 이후 국민통합 방안에 대해 논의하였다. 윤덕룡(2004)은 남북한 화폐통합의 효과와 이로 인한 경제통합을 전망하였다. 김덕재(2004)는 단계별 남북한 경제통합 방안을 연구하였다. 신형구(2006)는 점진적 통합도 중요하나 급진적 통합에도 대비하기 위해 남북경협의 활성화를 제시하였다. 이건범(2006)은 재정제도의 통합, 금융제도의 통합, 그리고 화폐통합의 순으로 남북한 경제통합에 대해 논의하였다. 임강택(2006)은 남북한 경제통합의 추진 방향과 전략을 제시하였다. 안예홍·문성민(2007)은 통일 독일과 같은 경제통합의 대안으로 특구식 경제통합을 제안하면서 이에 대한 경제적 효과를 분석하였다. 조명현(2008)은 동서독 경제통합 사례를 기초로 남한의 금융기관이 어떠한 전략으로 북한에 진출할 것인지 등을 논의하였다. 문성민·문우식(2009)은 다양한 사례 분석을 통하여 남북한 화폐통합과 관련한 정책 방안을 모색하였다. 조병호(2009)는 통일 독일 및 EU 사례를 통하여 남북한 화폐통합 방안을 고찰하였다. 김영윤(2010)은 통독 사례에서 나타난 부작용을 최소화할 수 있는 방안에 대해 논의하였다. 안두순(2011)은 한국 언론에 비친 통일 방식 및 비용 논의를 중심으로 통일 독일의 경제통합 과정을 평가하였다. 이현재(2012)는 남북한 화폐통합과 관련하여 북한이 남한 경제력으로 수렴하는 기간이 얼마나 되는지를 연구하였다. 조윤수(2013)는 통일 독일 사례에서 나타난 부작용을 감안하여 통일 후 통합 과정에서 남북한이 채택하여야 할 경제 정책 방안에 중점을 두었다. 강문성(2014)은 남북한 경제통합과 관련하여 단계별 접근 방법을 논의하였다. 김병언(2014)은 사회주의에서 자본주의로 체제가 전환되었던 동구권 국가들의 사례를 검토하면서 남북한 경제통합에 대한 장기적 접근 방법으로 환율 제도의 도입을 제시하였다. 위 논쟁들의 입장을 정리하면 동·서독과 같은 급진적 화폐통합론, EU와 같은 점진적 화폐통합론, 그리고 양자가 절충된 단계별 화폐통합론 등으로 구분할 수 있다.

위안화 허브

화폐통합의 시점에 관한 논쟁은 남북통일 이전에 과연 화폐통합을 해야 할 필요성과 실현가능성에 대한 의문에서 시작된다. 북한 정권이 붕괴되거나 아니면 북한이 일정한 경제수준에 도달했을 때 화폐통합을 하는 것이 정치·경제적 부담이 줄어들기 때문이다. 통일비용 부담이나 국내 정서를 생각하면 전혀 틀린 논의는 아니다. 하지만 북한 정권의 붕괴나 북한의 일정한 경제수준을 기다리는 시간 동안 들어가는 비용과 위험은 고려하지 못하고 있다는 점을 지적하지 않을 수 없다.

북한 정권이 붕괴되는 경우 남한에 의한 북한의 흡수통일을 장담할 수 없다. 우선 북한 정권이 붕괴된 이후 새로운 정권이 들어선다면 과거 북한 정권보다 남한에게 더 우호적일 것이라는 보장을 할 수 없다. 그리고 한반도의 지정학적 특성상 북한에 미국·중국·러시아에 의한 3국 분할통치(또는 일본까지 포함된 4국 분할통치)가 이루어지는, 소위 코리아 패싱이 일어날 수도 있다. 그럴 가능성을 전혀 배제할 수 없는 이유는 현 북한 정권의 붕괴 후 남한이 흡수 통일을 할 경우 미국의 지배권이 한반도 전체에 미치게 되고, 중국과 러시아가 이를 반대할 것이기 때문이다. 그래서 중국과 러시아가 미국과 함께 한반도에서 힘의 균형을 이루기 위해 현재의 DMZ를 북한 전역으로 확대시키고, 북한 지역을 3국 분할통치에 의한 평화지역으로 선포하는 것을 합의한다면, 남한으로서는 손쓸 방법이 없게 된다. 여기에 일본까지 낀다면 망신도 이런 망신이 없다. 만약, 그런 날이 온다면 한반도에 완전한 자주독립 국가를 건립하는 일은 상상하지 않는 게 더 낫다. 그래서 북한 정권의 붕괴 후 경제통합을 하겠다는 구상의 위험부담을 심각하게 고려하지 않을 수 없다. 뿐만 아니라 지금 남한의 경제가 새로운 新성장동력을 찾지 못한다면 북한 정권의 붕괴를 기다리는 동안 구조적 저성장에 따른 쇠퇴의 길을 걷게 될 것인데, 그때까지 남한이 버틸 수 있는 경제구조인지도 고려해야 한다.

남한과 경제통합이 가능한 북한의 경제 수준을 기다리는 것 역시 마찬가지다. 그때까지 남한이 버틸 수 있는 경제구조인지도 의문이지만, 더 큰 문제가 있다. 6·12 북미정상회담 이후 북한은 북한식의 경제 개발을 시작할 것이 분명하다. 그래서 북한이 경제 개발에 성공했거나, 혹은, 붕괴될 정도는 아니지만 지금보다 경제가 좀 나아진 북한 입장에서 남한과 경제 통합을 한다는 보장이 없다. 그리고 그때까지는 꽤 오랜 시간이 걸린다고 봐야 한다.

　기존의 급진적 화폐통합론, 점진적 화폐통합론, 절충론 등에서 간과한 절대적 변수가 있다. 그것은 북한 시장에 유입된 위안화다. 지금 북한 시장, 특히 장마당에서 중요한 결제 수단은 위안화다. 북한의 수차례 화폐개혁에도 불구하고 북한 원화는 신뢰를 잃어버렸고, 결국 위안화가 자리를 잡게 된 것이다. 북한이 비핵화되는 가운데 가장 빠르게, 그리고 가장 대규모로 투입되는 해외 자본은 위안화일 가능성이 높다. 그 이유는 다음과 같은 북한의 지정학적 특수성이 가미된 중국의 위안화 허브 전략에 있다.

　당분간 남북한 사이의 왕래가 자유롭지 못할 경우 외국에서 북한의 사회간접시설 개발에 자본과 물류를 투입하려면 바다로는 중국을 마주보는 서해안, 일본을 마주보는 동해안이 있다. 그리고 육로로는 중국과 북한의 국경선이 가장 길게 접해 있고, 러시아는 그에 비해 함경북도 라선에 국경선이 조금 걸쳐 있을 뿐이다. 그리고 지금까지 북한 주민과 가장 활발한 교류를 해 온 쪽은 중국 상인들이다. 비핵화 과정에서 북한의 개방이 서서히 진행된다고 하더라도 개방 초기에 가장 신속하고 거부감 없이 자본과 물류를 투입할 수 있는 쪽은 중국 정부이고, 중국 상인이라는 사실은 쉽게 예측할 수 있다. 중국 입장에선 이미 위안화가 북한 시장에 자리 잡고 있으니 북한 원화로 환전하는 데 따른 환전수수료 등의 거래비용도 들지 않는다. 게다가 북한은 비핵화와 함께 중국식의 사회주의 경제 개발을 따를 것이기 때문에 체제 안정을 위해서라도 자유시장주의의 자본 유입에 따른 시장화를 경계할 수밖에 없다.

북한에 위안화가 급속히 퍼지는 데 있어 결정적인 변수는 이러한 북한의 지정학적 위치를 고려한 중국의 위안화 허브 전략이 될 것이다. 중국에게 있어 지금까지의 북한은 한반도에서 미국의 지배력 확장을 제어하는 전략적 요충지였다. 그 대신에 중국은 각종 대북제재 속에서도 북한을 지원해 준 게 사실이다. 그래서 중국은 사실상 경제적 속국이 된 북한에 상대적으로 더 큰 영향력을 행사할 수 있는 힘의 구조를 만들어 냈다. 중국과 북한이 혈맹이어서가 아니라 북한도 어쩔 수 없었을 것이다. 그런데 북한이 비핵화와 함께 경제 개발에 나선다면 이야기가 달라진다. 중국은 예전과 같은 방식으로 북한을 경제적 속국으로 대하기는 어렵기 때문에, 북한의 이탈을 막기 위해 여러 가지 조치를 취하려 들 것이다. 경제적 측면에서 볼 때 중국은 북한의 금융질서를 위안화로 대체하려고 들 것이다. 북한 경제의 기초가 될 유통 화폐를 위안화로 가져갈 수만 있다면 북한을 단일 시장으로 끌어들이는 것이고, 이로써 북한에 장기적으로 경제적 영향력을 행사할 수 있기 때문이다. 위안화 허브 전략은 중국이 기존에 북한과 형성한 정치·경제적 관계를 이용해서 가장 손쉽고 빠르게 취할 수 있는 조치라는 점에서 전혀 가능성이 없지는 않다. 북한 입장에서 중국의 위안화 허브 전략을 저지하려면 북한 원화를 정상적으로 유통시켜야 하는데, 안타깝게도 시장에서 유통되지도 못하는 북한 원화에 대한 신뢰가 형성되기까지는 아주 오랜 시간이 걸린다. 중국은 북한 원화의 이런 취약점을 노리고 상당한 시간에 걸쳐 북한을 위안화化하려 할 것이다. 그래서 나중에 북한이 어느 정도 경제 개발에 성과를 거둔다고 하더라도 이미 북한에는 위안화化가 상당히 진행되어 있을 것이다. 그런 상태에서 남북한 화폐통합을 하기란 너무 어려운 일이 될 수도 있다. 6·12 북미정상회담에서 양국은 북한 체제보장에 대해 합의하였다. 일각에서는 체제보장이 결국에는 미군철수를 의미한다고 한다. 미래는 알 수 없지만 중국의 위안화 허브전략이 북한에 통하고, 미군 철수까지 이루어진다면 어떻게 될까? 위안화化가 진행 중인 북한, 新성장동력을 찾지 못한 채 쇠퇴의 길을 걷고 있는 남한. 과연 그때가 오면 한반도에는 어떤 운명이 기다리고 있을까? 너무나 무서운 상상이지만 한반도의 중국化가 기다리고 있을 수도 있을 것이다. 그것은 청나라와 조선의 사대관계가 부활하는 것과 다를 바 없다.

가정이긴 하지만, 한반도가 분리된 상태로 각자가 쇠국의 길을 걷고 있다면 최근 우경화를 진행하는 일본에서 언젠가는 또다시 정한론征韓論이 고개를 들 것이다. 역사에서 교훈을 찾아야 한다. 섬나라인 일본은 대륙 진출을 위해 한반도가 분열되고 힘이 없는 틈을 이용해서 임진왜란을 일으켰고, 급기야는 치욕스러운 을미사변까지 일으키며 식민지 통치라는 오욕의 역사를 우리에게 남겼다. 향후 일본의 정한론이 운요호 사건처럼 독도 영유권 문제로 시비를 걸면서 무력시위를 동원할지 아니면 현대판 경제전쟁이 될지는 모르지만 넋 놓고 있다가는 또다시 돌이킬 수 없는 역사를 써야 할 수도 있다. 지금 북한의 상황은 쇄국정치가 끝나고 개방을 앞둔 19C 구한 말 무렵 제국주의 침략 앞에서 흔들리는 풍전 등화와 같다. 1905년 7월 29일 가쓰라-태프트 밀약을 상기해 보자. 러일 전쟁에서 승리한 일본은 그 직후 당시 미국 육군 장관 윌리엄 하워드 태프트와 일본 내각총리 가쓰라 다로가 도쿄에서 미국의 필리핀에 대한 지배권과 일본의 대한제국에 대한 지배권을 상호 승인하였다. 만일, 미국이 동북아시아에서 중국과 러시아와의 힘의 균형상태를 유지하기 위해 국내외적 측면에서 일본이 미국을 대신해서 한반도에 대한 영향력을 행사하는 것이 유리하다고 판단한다면 21세기판 가쓰라-태프트 밀약이 성립되는 것이다. 영원한 아군도, 영원한 적군도 없다는 냉혹한 국제사회의 현실을 고려하지 않을 수 없다.

남북경제통합추진위원회

위에서 살펴본 것으로부터 화폐통합의 시기에 대한 결론이 나온다. 바로 지금이다. 지금부터 시작해서 북한에 대한 UN과 미국의 대북제재가 해제되고 북한의 경제 개발이 시작되기까지가 골든타임이다. 대북제재는 비핵화가 완성되면 해제된다고 하지만, 정확한 시점은 아무도 모른다. 언론에 회자되는 전문가들 의견에 따르면 아무리 빨라도 2년 정도가 걸릴 것으로 예상된다고 한다. 만약, 그렇다면 골든타임은 2020년 중반기가 마지노선이다. 이 골든타임 안에 최대한 많은 준비를 해두어야 한다. 이 골든타임이 지나면 어쩌면 다시는 남북한 경제 통합의 기회가 오지 않을 수도 있고, 설령 그 기회가 온다고 하더라도 남북이 부담해야 하는 비용이

기하급수적으로 늘어날 수도 있음은 이미 말한 바 있다.

　대북제재가 해제되길 기다리면서 주변국 모두가 북한의 HARD 인프라 건설과 함께 막대한 이익을 꿈꾸고 있지만 북한의 경제 개발 계획은 따로 있을 것이다. 한반도에서 일어나는 동상이몽이 아닐 수 없다. 남한이 구상하고 있는 북한의 HARD 인프라 구축도 의미가 있기는 하지만 한반도의 동상이몽에 참여한 국가들에 비해 경쟁력이 있다고 장담할 수 없는 상황이다. 언제 중단될지도 모르는 남북경협을 두고 남한에서야 북한에 퍼주기라는 비판을 할 수 있지만, 반대로 북한 입장에서는 퍼가기다. 남한도 다른 경쟁국과 함께 그 퍼가기에 동참해서는 실제로 얻을 것이 별로 없을 수도 있다. 향후 북한 입장에서 퍼가기를 해 갔던 남한과 경제 통합을 할 것이라고는 기대하지 않는 편이 낫다. 역지사지의 지혜가 필요하다. 현재 남한의 북한에 대한 HARD 인프라에 대한 구상은 북한 입장에서 퍼가기가 아닌 지속가능한 공동운명체로서 한반도 국부를 보전·창출하는 큰 틀에서 함께 해야지만 북한을 설득할 수 있는 가능성이 높아진다. 그 큰 틀은 HARD 인프라 구축이 아니라 미국의 마셜플랜과 같은 SOFT 인프라 구축이다.

이 골든타임 동안 많은 준비가 되어 있어야 한다. 특히 중요한 것은 남북한 화폐교환비율과 북한의 적정 통화량 산출, KMU의 통화정책 등이 담긴 기본합의서 그리고 이를 국내에서 현실화할 수 있는 법률 초안과 2019년도 예산편성이다. 이는 당연히 남한에서 먼저 준비를 해야 한다. 법률 초안까지 준비해야 하는 이유가 있다. 가령, 화폐통합은 현재의 3불통(통행, 통신, 통관) 문제가 해결되어야 그 효과가 있다. 그런데 3불통을 해결하기 위해서는 북한의 결단도 중요하지만 남한의 국가보안법, 남북교류협력에관한법률 및 앞서 언급한 외환거래법 등의 국내법이 수정되어야만 하는 대대적인 작업이다. 남북한이 화폐통합에 합의하더라도 3불통을 해결하기 위한 국내법 수정에 시간을 끄는 동안, 그리고 수정된 국내법이 국회를 통과하는 동안 골든타임은 다 지나갈 수도 있다. 그래서 국내에 적용될 법률 초안과 남북한 화폐교환비율, KMU의 통화정책 등에 관한 기본합의서 초안들을 동시에 미리 준비해서 북한과 진정성 있는 협상에 들어가야 한다. 그리고 협상에 성공하는 즉시 준비했던 법률 초안을 협의 내용에 맞게 최대한 빠른 시간 내에 재수정한 다음 전광석화처럼 예산편성안과 함께 국회에서 통과시켜야 한다. 화폐통합을 개성공단과 금강산관광사업부터 단계적으로 시작한다면 편성될 예산 규모가 작기 때문에 국회에서의 진통은 생각보다 크지 않을 수도 있다. 2년 안에 과연 이 모든 것을 해낼 수 있을지 의심이 들 수 있다. 하지만 만약에 실패한다면 2년이 짧아서 불가능한 것이 아니다. 우리 모두가 불가능하다고 의심했기 때문이다. 우리를 머뭇거리게 하는 그 썩어 문드러진 의심의 문부터 과감하게 발로 걷어차 버리고 강력한 리더십을 갖춘 남한으로 거듭나야 한다.

안타까운 것은 북한 금융과 관련된 남북한 간의 협의기구가 없다는 것이다. 철도 건설, 도로 건설, 산림 개발 이야기는 있지만 금융 문제에 관한 협상은 전혀 들리지 않는다. 금융은 돈 문제라서 남북한 서로에게 예민하기 때문일 것이다. 지금 당장이라도 북한의 금융 인프라 개선을 위한 금융협의기구를 상설화해야 한다. 한편, 철도, 도로, 에너지 개발 등의 사안이 북한과 개별적으로 협의가 되고 있는 점을 재고해야 한다. 개별적으로 진행되는 협의가 융합되어 시너지를 발휘하려면 남북한 경제통합이라는 큰 틀에서 컨트롤할 수 있는 정부·민간 합동의 소위 '남북경제통합추진위원회' 같은 기구가 필요하다. 그래서 남북경제통합추진위원회 산하 금융협의기구, 도로·철도협의기구, 에너지협의기구 등이 활발히 활동하면서 상호 간 협업을 할 수 있는 구조여야 한다. 도로나 철도, 발전소, 관광 등을 개별적으로 보면 남북한 금융의 문제도 별개의 것이 된다. 하지만 남북한 경제통합이라는 큰 관점에서 면밀하게 조견해 본다면 금융이 빠질 수가 없고, 남북한 경제통합은 남북한 금융의 통합 없이는 불가능하다는 것을 깨닫게 된다. 남한이 남북경제통합추진위원회에 설치된 금융협의기구와 HARD 인프라에 관련된 각개의 협의기구가 서로 연계해서 만든 개발 프로젝트를 북한에 제안한다면, 제안할 수 있는 프로젝트의 범위가 넓어질 뿐만 아니라, 북한의 수용가능성도 더 커지게 될 것이다. 만일, 남북한 단일화폐 유통과 동시에 북한에 대규모 발전소 설치를 제안하게 되면, 전력발전소 설치만 추진하는 외국에 비해 새로운 옵션을 함께 제공하는 셈이다. 물론, 한반도 국부의 보전·창출이라는 관점에서 볼 때 국부의 유실이 줄어드는 셈이니 장기적으로는 서로에게도 이득이 됨은 물론이다. 현행법상 남북교류협력에관한법률 제4조에 따라 구성된 통일부 산하 남북교류협력추진협의회에서 본 연구자가 말하는 남북경제통합위원회의 업무를 총괄하는 것이 가장 신속하고 본래의 목적과도 일치하지 않을까 한다.

살펴본 바와 같이 북한에는 이미 위안화가 신뢰 있는 결제수단으로 자리 잡기 시작했다. 북한의 지정학적 위치와 중국의 위안화 허브 전략은 위안화의 유통량을 북한 시장에서 기하급수적으로 늘어나게 할 것이다. 이것은 북한 원화의 신뢰가 더 떨어진다는 것을 의미한다. 경제전쟁에서 승리하기 위한 유일한 길은 자신의 모든 자원과 부를 이용해 상대의 경제체제에 대한 신뢰를 무너뜨리는 것이다.[1] 중국이 이것을 모를 리가 없다. 북한도 경제체제에 대한 신뢰가 경제 개발의 결정적 요인임을 잘 알고 있을 것이다. 하지만 안타깝게도 수차례 화폐개혁 실패로 인해 종이 조각에 불과해진 북한 원화에 신뢰라는 생명을 불어넣기에는 많은 시간과 비용이 지출되고, 북한 경제구조의 특징상 성공가능성도 희박하기 때문에 섣불리 행동에 나서기도 어려울 것이다. 북한 경제 개발에 있어서 심각한 아킬레스건이 아닐 수 없다. 이 아킬레스건을 건드려야 한다. 만일, 북한의 위안화가 결제수단으로 굳어진다면 사실상 중국과 북한이 경제통합을 한 것과 같아진다. 이러한 현상은 북한에게도 이로울 것이 전혀 없다. 중국은 북한을 전략적 요충지로 활용하기 위해서 위안화 허브 안에 편입시켜 경제적 속국으로 유지하려는 것일 뿐, 남북경제통합추진위원회가 구상하는 것과 같이 지속가능한 공동운명체가 되기 위한 경제통합이 아니기 때문에 북한이 치러야 하는 대가는 만만치 않을 것이다. 물론 그 대가는 단기적으로는 남한의 新성장

---

1. 왕양 지음·김태일 옮김(2017), 『환율전쟁』, 평단, 경기도, pp 123

동력이 사라지는 것이고, 장기적으로는 한반도 국부의 부당한 유출임을 상기하지 않을 수 없다.

하지만 기회가 있다. 대북제재로 인해 아직까지는 위안화의 북한 내 유통량이 적어서 완전한 결제수단으로 자리 잡지 못했기 때문이다. 대북제재가 풀리기 전까지는 위안화의 유통량은 크게 증대하지 못할 것이다. 그 어느 나라도 손대지 않는 곳, 그리고 감히 무서워서 북한조차도 함부로 손댈 수 없었던 그곳, 북한의 금융시스템, 이곳이 남한이 가야 할 곳이다. 골든타임이 2년이 아니라 1년이라는 생각으로 지금부터 당장 움직여야만 2년을 3년처럼 보낼 수 있다. 미국의 트럼프 대통령이 국내 선거용으로 국제 수준이 허용하는 북한의 비핵화를 1년 안에 마무리 지으려고 한다면 골든타임은 더 줄어든다. 2년, 혹은 1년일지도 모르는 골든타임은 지금도 진행 중이다. 처절한 안타까움을 도저히 말로 표현할 수가 없다.

남한이 골든타임 안에 화폐통합에 대해서 북한에 제안하더라도 북한이 이를 수용하지 않을 수 있다. 그렇게 된다면 매우 안타까운 일이지만 남한은 화폐통합에 대해 지금이라도 미리 북한에 제안해 놓을 필요가 있다. 북한이 이를 거절하더라도 향후 경제개발 과정에서 신뢰 있는 금융시스템이 필요하다고 절실히 느끼게 되는 순간이 반드시 올 것이고, 그때는 북한이 화폐통합의 필요성을 피부로 깨달았을 것이기 때문에 오히려 역으로 남한과의 화폐통합을 적극적으로 추진하려고 할 수도 있다. 북한이 역으로 화폐통합을 제안할 정도로 사정이 다급할 때, 남한에서 화폐통합을 토론하고 준비하는 동안 자칫하면 시간의 함정에 빠져 궁극에는 화폐통합 자체가 불가능한 일이 될 수도 있다. 따라서 그때 화폐통합에 소요될 시간을 단축시키기 위해서라도 지금부터 남북경제통합위원회에서 사전에 준비를 해 놓아야 하고, 그렇게 준비된 화폐통합 방식을 빠른 시간 내에 북한에 제안할 수 있어야 한다.

CHAPTER 5

화폐
통합의
파급효과

북한의
화폐개혁

　북한은 수차례 화폐개혁 모두 실패했다. 북한의 실제 통화량은 화폐개혁에 실패한 이후로 북한 내부에서도 그 수치를 정확히 알지 못한다고 한다. 화폐개혁 과정에서 발생한 비리는 북한 경제규모를 훨씬 초과해서 더 많은 북한 원화가 발행되는 결과로 이어졌다. 이로 인해 북한은 초超 인플레이션 현상이 나타났고, 화폐개혁 이후 압록강과 두만강에는 휴지 조각으로 변해 버린 구권 지폐들이 떠다녔다. 일부 북한 주민들은 지폐를 모두 강에 버리고 그 강물에 빠져 자살했다고도 한다. 급기야 북한이 2010년 3월 화폐개혁 실패의 책임을 물어 100명의 경제인사를 총살한 사실은 이미 언론에 알려진 바 있다. 북한 원화에 대한 신뢰의 문제는 북한 경제 개발에 있어서 결정적인 아킬레스건이 된 셈이다.

 남북한 단일화폐 유통은 남한 금융에 대한 금융 수요자의 신뢰를 북한과 공유하는 것이다. 명목 지폐에 불과한 북한 원화에 대한 신뢰가 생성되는 것이다. 북한이 그동안 성공하지 못했던 화폐개혁을 남북한 화폐통합을 통해 성공하는 것이다. 북한은 화폐개혁을 하더라도 성공여부가 불투명한 상황에서 많은 시간과 비용을 들여야 한다. 하지만 북한 주민이 남한 원화와 일정한 비율로 교환된 단일화폐를 소지하면 남한에서 공급되는 물건을 구입해서 소비할 수 있는 마법과 같은 일이 일어난다. 한편, 단일화폐가 유통됨으로써 북한의 자산은 시장에서 그나마 정당한 평가를 받을 수 있는 기회가 생기게 된다. 즉, 금융 시스템 부재로 인해 앞서 말한 것과 같이 달러 표시가 적힌 종이를 가지고 오는 해외 투자자에게 부동산 급매와 같은 처분을 하지 않아도 되는, 소위 손해 보는 장사를 해야 할 경우의 수가 줄어든다. 북한이 남한으로부터만 투자를 받아야 한다는 것이 아니다. 이러한 생각은 남북한 사이에 경제적 갑을관계를 형성하는 것에 지나지 않는 것으로 오히려 남북한 모두에게 독으로 다가올 것이다. 북한이 남한을 포함해서 그 어떤 나라로부터 투자를 받든 상관없이 정당하게 평가된 실물가치에 맞게 거래를 할 수 있는 금융 환경을 만들어야 한다. 그것이 남한에게도 이득이며, 궁극에는 한반도 국부의 보전·창출의 길이다.

　다만, 남북한 화폐통합을 위한 화폐개혁 과정에서 북한과 남한의 일부 세력들이 지하경제를 양성하기 위해 화폐를 은닉하는 문제가 발생할 수도 있다. 이에 대해서는 가칭, 『통일카드』[1]를 활용하면 된다. 남북한 간의 결제는 송금과 통일카드에 의한 결제를 원칙으로 하되, 부득이한 경우의 현금 소지는 일정 한도로 정해두면 되는 일이다. 그리고 단일화폐 유통을 앞두고 구권과의 환전 시한을 정해둔다면 함께 해결할 수 있는 문제다. 앞서도 말했지만 완벽한 제도는 없다. 이러한 통일카드와 환전 시한 등의 방법으로 은닉 가능성을 최대한 낮출 수는 있겠지만 일부의 은닉은 세상에서 존재할 수밖에 없는 일이고, 그 정도의 위험부담 때문에 화폐통합을 포기할 수는 없다.

---

1. 남오연(2015). 『남북의 황금비율을 찾아서』, 행복에너지, pp171 이하 참고

리디노미네이션
(Redenomination)

　리디노미네이션은 화폐가치의 변동 없이 기존 화폐단위를 일정한 비율, 즉 '10분의 1' 혹은 '100분의 1' 등으로 낮추는 화폐단위의 액면 절하를 의미한다. 예를 들어, 우리나라 원화를 1,000분의 1로 리디노미네이션을 한다면 현재의 1,000원은 1원이 되는 것이다. 리디노미네이션은 화폐에 표현되는 숫자가 지나치게 커져 발생할 수 있는 회계처리나 거래의 불편을 해소할 수 있다는 장점이 있다. 환전소에 가면 1달러에 1,000원이 넘어간다. 남한의 경제규모에 비하면 위상에 맞지 않아 남한 국민의 자존심과도 연결되는 문제다. 박근혜 대통령이 후보시절 지하경제 양성화를 거론하면서 리디노미네이션이 주목받은 것은 리디노미네이션을 시행하면 새로운 화폐로 교환하는 과정에서 숨겨진 자금이 자연스럽게 시중에 나와 경기 진작에 효과가 있을 수 있기 때문이다. 화폐단위의 변경으로 인한 불안정, 새로운 화폐 제조와 신·구화폐의 교환 등에 수반되는 비용, 물가 상승 가능성 등 부작용이 만만치 않다는 지적도 있다.[1] 하지만 남북한 단일 화폐 유통은 남한에서 리디노미네이션이 일어나는 것과 같으므로 그 장점을 잘 살릴 수 있는 기회가 된다. 그동안 남한에서의 리디노미네이션은 논의는 있되 실행에 이르지는 못했다. 한국은행이 필요성은 인식하면서도 그에 따르는 비용 문제로 국민적 합의에 의한 정치적 결정을 기다렸기 때문이다. 하지만 새로운 단일화폐가 만들어지는 남북한 화폐통합이 이루어지면 그동안 필요했던 리디노미네이션 문제는 더 큰 틀 안에서 자연스럽게 해결된다.

---

1. KDI경제정보센터 https://eiec.kdi.re.kr/publish/archive/click/view.jsp?fcode=00002000110000100002&idx=1932

불가역적
시장화

　미국이 주도가 된 북한의 불가역적 비핵화는 대북제재를 통한 강제적 행위지만, 남북한 화폐통합은 남북한이 지속가능한 공동운명체가 되어 북한에 불가역적 시장화를 공동으로 진행하는 평화적 행위다. 다만, 북한 입장에서 남북한 단일화폐가 유통되는 것에 대해 정치적 부담이 있다면 개성공단이나 금강산관광부터 먼저 시뮬레이션 해보는 것도 괜찮은 방법이다. 시행착오를 줄여나갈 수 있기 때문이다. 그 시뮬레이션 기간 동안 북한 전역에 걸쳐 은행을 만들고, 은행업무에 필요한 전산시스템을 구축하면 된다.

　만약, 북한이 남북한 화폐통합에 동의한다면 현재의 3불통은 자연스럽게 해결된다. 3불통이 해결되지 않으면 북한에 단일화폐 유통에 필요한 금융시스템을 빠른 시간 내에 구축할 수 없기 때문이다. 북한에 3불통 그 자체를 해결해 줄 것을 요청하기보다는 3불통이 해결될 수밖에 없는 상황을 만드는 것이 더 효율적이다. 만일, 남북한이 화폐통합의 큰 틀에 대해 합의하고 1차적으로 개성공단과 금강산관광사업부터 이를 적용한다면, 개성공단과 금강산은 북한의 불가역적 시장화를 위한 첫 시험장이 될 것이다.

북한 경제의
안정적인 글로벌화

  북한 경제 개발에 필요한 자금을 확보하기 위해 북한의 변화를 통하여 다자간 국제기구로부터 공적원조를 받는 등 재원조달의 범위를 확대해나가는 것은 좋은 방법 중 하나다. 여기엔 두 가지 전제조건이 있다. 하나는 북한의 시장화에 대한 의지고, 나머지 하나는 유입된 해외자금이 북한 시장에서 안전하게 유통될 수 있는 금융시스템이다. 북한의 시장화에 대한 의지는 비핵화 과정에서 경제 개발을 시도할 것이므로 어느 정도 충족되었다고 보더라도, 해외자금이 안전하게 유통될 수 있는 금융시스템이 북한에는 전혀 존재하지 않는다. 여기서 말하는 안전한 금융시스템이란 전산결제가 가능한 은행시스템과 같은 물리적 금융환경을 말하는 것이 아니다. 해외자금이 북한 원화와 교환되어 북한에서 유통될 수 있다는 북한 원화에 대한 신뢰가 물리적 금융환경과 결합되어 있어야 함을 뜻한다. 하지만 북한 원화는 시장에서 신뢰를 상실한 지 오래다. 그렇다면 북한 원화와 북한의 자산은 정당한 평가를 받지 못하고 해외자금과 교환될 수밖에 없는 불리한 금융환경에서 고전을 면치 못할 것이다. 그렇기 때문에 북한 입장에서는 외국에서 퍼가기를 하는지 의심할 수밖에 없다. 결국엔 그나마 상대적으로 덜 위험해 보이는 중국의 투자를 받을 수밖에 없는 환경에 몰리게 된다. 하지만 중국의 자금은 장기적으로는 더 큰 위험을 북한에 안겨 줄 것임은 이미 설명하였다. 그렇다고 해서 북한의 자산을 방어해 줄 안정된 금융시스템을 북한 스스로 빠른 시간 내에 구축하기란 사실상 불가능하기 때문에 북한은 난감할 것이다.

북한이 비핵화 후 미국의 대북제재가 풀리고 국제금융에 편입되려면 현재는 비회원국인 IMF, IBRD, IDA에 순차적으로 가입해야 한다. 즉, IMF에 먼저 가입하지 않으면 IBRD, IDA 등에도 가입할 수 없다. IMF는 사실상 미국이 지배하고 있기 때문에 비핵화 과정에서 북한의 협상력에 따라 가입할 수 있을 것으로 예상된다. 국제사회에 진입하게 되는 것으로서 국제금융을 지원받을 수 있게 되는 혜택을 누리게 되고, 일반 투자자가 안심할 수 있는 상황이 되어 민간 투자가 늘어날 수도 있다. 문제는 환율이다. 기존의 북한 원화로는 신뢰 결여로 인해 자산의 실물가치에 비해 불리한 환율이 적용될 수밖에 없다. 펀드매니저 소로스가 영국의 파운드화를 초토화시킨 것처럼 언젠가는 북한 원화는 국제 금융세력의 먹잇감이 될 수도 있다. 심각한 한반도 국부의 유출현상이 발생하는 것이다. 금융 세력이 막강한 자본력과 환율을 이용해서 아시아의 부를 강탈했던 1997년 태국과 한국 등의 금융위기가 북한에 찾아오지 않는다고 장담하기 어렵다. 하지만 단일화폐가 남북한에 유통되면 이야기가 달라진다. 북한 원화는 남북한에 유통되는 단일화폐로 교환되면서 시장에서의 신뢰를 회복할 수 있기 때문이다. 그리고 KMU는 산적과 같은 금융세력과 환율이 북한의 금융시장을 침공하는 것에 대비하고, 이에 필요한 방어망을 사전에 준비하고 있을 것이다. 그 이유는 한반도 국부의 보전·창출이라는 본래의 목적을 달성하기 위함이다. 이렇듯 화폐가치에 대한 신뢰를 공유하는 이익은 말로 표현할 수 없을 정도로 매우 크다. 남북한 화폐통합은 자본과 환율의 공격으로부터 북한에 필요한 안전한 금융 방어망을 설정하고 한반도 국부를 보전·창출하는 것으로서 북한의 불가역적 시장화를 더욱 촉진하게 될 것이다.

일자리 창출

안타까운 건 단일화폐 유통에 따라 남한에 미치는 경제효과를 수치로 산정할 수 없다는 것이다. 이를 추측해 본 자료가 있긴 하지만 데이터의 신뢰성 결여로 불완전하다. 북한과 거래를 제대로 해 본 적이 없고, 북한이 어느 정도로 개방할지는 알 수 없기 때문이다. 그래서 남한에 미치는 경제효과를 수치로 굳이 언급하지는 않는다. 남한에 미치는 경제효과는 여러 방면에 걸쳐 있는데 특히 일자리 창출을 언급하지 않을 수 없다.

현재 남한에서 추진하는 소득 주도 성장을 통한 일자리 창출의 노력은 그 효과를 거두기가 쉽지 않을 것이다. 그 이유는 간단하다. 대기업의 사내유보금이 갈 곳이 없기 때문이다. 재벌 사내유보금 환수운동본부에 따르면 우리나라 30대 기업의 2017년 사내유보금은 882조 9,051억 원으로 전년보다 75조 6,013억 원이 늘었다. 2018년 4월 기준 한국의 M2가 약 2,600조 원임을 고려해 본다면 약 30%에 해당하는 것으로서 앞에서 추정한 2018년 북한 적정 통화량 58조 원보다 15배나 많다. 10대 대기업만 따져도 759조 2,954억 원이다. 앞서 가정했던 남북한 간에 합의된 북한 적정 통화량 60조 원이 현실이라면 국가예산의 별도 편성 없이 대기업 사내유보금으로 한 번에 해결할 수 있을 만큼 그 규모는 엄청나다. 대기업이 한반도 국부를 보전·창출하기 위한 투자자로서 선봉에 서야 한다는 역사적 사명감을 가지도록 독려해야 하는 이유다. 그 방법은 대기업이 남북한 화폐통합에 기여하면서 동시에 이득을 보게 하는 것이 가장 쉬운 방법이다.

일자리 문제는 정부가 세금을 거둬서 해결될 일이었으면 벌써 해결되었을 것이다. 비정규직과 정규직의 차별을 줄이는 것은 매우 중요한 일이지만, 이와 같은 근로자의 근로조건 향상은 일시적으로 근로환경을 개선시킬 수 있을지는 몰라도 일자리 창출과는 크게 상관이 없다. 현재 남한에서 겪고 있는 실업문제를 해결할 수 있는 방안은 한 가지밖에 없다. 노동시장의 확대가 그것이다. 지금으로서는 북한이 노동시장을 확대할 수 있는 유일한 방법이다. 그렇다면 북한에 일자리를 만들 수 있는 대기업의 투자환경을 만들어야 한다. 개성공단의 경우처럼 중소기업 자금이 북한에서 일자리를 만드는 것도 중요하지만, 대기업의 사내유보금이 안전한 금융환경 속에서 북한으로 신속히 이동할 수 있어야만 한다. 최저임금 1만 원 시대지만 대기업에 종사하는 근로자는 대부분 최저임금과는 무관한 사람들이다. 오히려 중소기업이 더 힘들어져 인원감축을 할 수밖에 없는 상황으로 인해 일자리가 더 줄어들 수도 있다. 대기업의 사내유보금이 남한에서 잠자고 있는 것은 그만큼 통화의 유통에 따른 부가가치가 생성되지 못하고 있다는 것이다. 대기업의 사내유보금이 새로운 부가가치를 생성하는 과정에서 일자리가 늘어날 수 있도록 새로운 물꼬를 터주어야 한다. 그렇지 않다면 현재 남한의 경제구조에서 일자리를 창출하기란 쉽지 않은 것이 냉정한 현실이다.

가령, 대기업의 사내유보금 중 30%가 북한에 투자될 경우 지금 현재의 결제시스템이라면 환전수수료만 해도 엄청나다. 만일 북한의 결제수단이 위안화라면 1년간 남한 기업이 부담해야 하는 환전수수료 등의 비용만 해도 엄청날 것이다.

현재 대기업 사내유보금 30%가 약 270조 원이므로 환전수수료 비율 1.5%를 적용하면 환전수수료만해도 약 4조 원이나 된다. 이러한 환전수수료 외에 환차손, 기타 부수적 금융거래비용까지 합쳐진다면 그 손해액은 환전수수료 합계 약 4조 원의 몇 배가 될 수도 있다.[1] 물론 그 비용은 한반도 국부의 유실에 해당한다. 하지만 남북한이 지속가능한 공동운명체로서 단일화폐가 남북한에 유통되는 안전한 금융구조만 만들어 준다면 환전비용이 줄어드는 것은 당연하고, 북한의 금융구조에 대한 신뢰 상승으로 인해 북한에 투자하려는 대기업과 중소기업이 늘어날 가능성이 높아진다. 이렇게 된다면 일자리가 늘어나지 않을 수 없다.

그리고 남북한 화폐통합 시 남한 원화와 북한 원화를 단일화폐로 교환할 수 있는 시한만 정해 둔다면 지하경제의 자금이 양성화될 수 있는 확률을 더 높일 수 있다. 해방 이후 70년간 북한에는 사회주의 경제체제하에서, 남한에서는 자본주의 경제체제하에서 자라난 검은 자본들이 독버섯처럼 한

---

1. 반대로 대기업이 북한에서 투자금을 회수하는 과정에서 남한 원화로 환전할 때도 환전수수료가 들어갈 것이기에 결국 환전수수료는 2번 부담해야 하는 점, 그리고 중소기업 자금도 마찬가지의 환전수수료를 부담해야 한다는 점, 1회성으로 그치는 것이 아니라 향후 몇십 년 이상 계속해서 북한과 교류하는 동안 이렇듯 중복 부담해야 하는 환전수수료는 더 늘어날 것이라는 점 등을 모두 고려하면 실로 그 액수는 어마어마해질 것이다.

반도에 퍼져 있다. 남북한 화폐통합으로 사회주의와 자본주의의 부패한 권력과 함께 기생해 온 검은 자본이 향후에도 남북 단일 시장의 어두운 곳에서 또다시 자리 잡을 수 없도록 발본색원하고, 이를 양성화해서 한반도의 국부를 보전·창출하는 데 기여하게끔 해야 한다. 한반도에 형성된 과거의 부패 자본을 청산하는 의미도 있겠지만, 양성화된 이 검은 자본이 새롭게 일자리를 창출하는 데 기여하는 일등공신이 되도록 해야 한다.

단일화폐가 북한 전역에 걸쳐 유통되는 먼 훗날을 상상해 본다.

일정한 비율로 북한 원화를 단일화폐와 교환한 북한 주민은 남한에서 생산한 물건들을 구매할 것이므로 남한 기업의 매출 증대에 도움을 줄 것이다. 그리고 그 돈은 환전수수료 등의 환전비용 없이 북한의 은행에서 남한의 은행으로 즉시 송금이 이루어진다. 남한 기업의 매출 증대는 남한 주민의 소득 증대는 물론이요, 새로운 일자리를 창출하게 될 것이다. 뿐만 아니라 남한 기업에서 필요한 원자재가 북한에 있다면 이를 북한에서 구매하고 단일화폐를 송금하면 쉽게 해결된다. 남북한 모두에게 이득이다. 해외에서 구매하기 위해 들어갔던 기존의 각종 비용과 시간이 절약되면서 상품 가격이 낮아지고 국제거래에서 경쟁력을 갖게 된다. 수출도 늘어난다. 한편, 북한에 남한의 자금과 해외 자금이 유입되면서 북한에서 늘어나는 일자리는 남한 주민에게도 기회다. 또한 남한에서 북한에 금융시스템을 조기 이식함으로써 결제가 현대화되면 북한에 투자되는 해외자금도 늘어나고, 그 해외자금이 만들어내는 일자리도 남한 주민에게는 기회가 될 것이다. 당분간은 북한 주민의 노동력 수준이 그 일자리를 다 채울 수 없을 것이기 때문이다. 이런 측면을 보면 단일화폐 유통을 위해 필요한 금융시스템을 북한에 조성하는 데 필요한 비용은 남한이 부담하더라도 모두가 이득을 본다. 앞서 예를 들었던 환전수수료 약 4조 원, 물론 이보다 더 큰 금액이겠지만, 그 돈을 차라리 북한에 필요한 은행을 설립하는 데 사용하는 것이 더 효율적이라는 생각을 할 수 있어야 한다. 결국 남북한 단일화폐 유통은 남한이 지금 겪고 있는 구조적 저성장의 출구가 되어 남북한에 수많은 일자리를 창출하게 될 것이다.

또 한 번 먼 훗날을 생각해 보자.

남북한 화폐통합은 반대로 북한이 남한의 근로자에게 임금을 지불하고 사회간접시설을 구축할 수도 있게 한다. 남한이 북한에 지원하는 것이 아니라 북한이 단일화폐로 직접 비용을 지불하는 것이다. 놀라운 일이 아닐 수 없다. 이것이 가능한 이유는 북한이 화폐교환비율에 따라 교환한 단일화폐로 임금을 지불할 수 있기 때문이다. 북한 입장에서는 남한이나 외국으로부터 지원을 받는 것이 아니기 때문에 자존심이 상하지 않는다. 오히려 정당하게 책정된 비용을 단일화폐로 지불하기만 하면 된다. 남한 근로자는 북한에서 임금으로 지급받은 단일화폐를 북한 또는 남한에서 사용하면 되는 신뢰 있는 화폐이기 때문에 서로에게 이득이라고 할 수 있다. 기존의 금융시스템으로는 남한이 지원해야 되는 구조지만, 남북한 화폐통합에 의하면 반대의 상황이 벌어지면서 일자리가 자연스럽게 창출될 수도 있다. 또한, 북한은 유입된 해외자금을 남북에 유통되는 단일화폐로 환전하여 북한에서 필요한 사업을 할 수도 있다. 그 사업은 당연히 일자리를 창출하게 될 것이고, 북한 주민들과 남한 주민들은 그 일자리에서 단일화폐로 임금을 받게 된다. 그 과정에서 북한에 유입된 해외자금은 공평하게 평가된 단일화폐로 교환될 것이고, 따라서 한반도 국부 중 하나인 남북한 주민의 노동가치가 정당하게 평가받을 기회가 생긴다는 것을 의미한다. 그리고 북한의 자본도 남한에 투자할 수 있는 여건이 형성된다. 북한에서 북한 화폐를 화폐교환비율에 따라 단일화폐로 환전한 다음 남한에서 사업을 할 수도 있기 때문이다. 그렇게 되면 북한 자본이 남한에서도 일자리를 창출하는 데 기여하게 된다. 북한 시장의 구매력보다 남한 시장의 구매력이 더 크기 때문에 북한 주민들 중에 남한에서 사업을 하고 싶어 하는 사람이 늘어날 것이다. 북한에서 남한에 투입한 자본이 늘어날수록 남북 교류가 단절될 확률도 상대적으로 낮아진다. 개성공단과는 반대로 북한이 남한에 기업을 만든다면 교류가 단절되는 순간 북한의 자본이 사실상 몰수되는 것과 같기 때문이다. 남북한 화폐통합에 따른 지속가능한 공동운명체란 이러한 현상을 말하는 것이고, 더불어서 일자리는 자연스럽게 늘어난다.

그리고 해외 투자자 중에서 북한에 직접 투자하는 것보다는 남한을 통해서 투자하기를 원할 수도 있다. 남한에 투자하더라도 단일화폐를 사용하기 때문에 그대로 북한에서 사용할 수 있고, 당분간은 투자금을 회수하기가 북한보다는 남한이 더 안전하다고 생각할 수도 있기 때문이다. 그렇다면 그 투자금 관리를 위해 남한에서 일자리가 늘어나는 것은 당연한 일이다.

이렇게 해서 늘어나는 일자리는 도대체 얼마나 될까? 지금 수치로 추정할 수 없다는 것이 안타까울 뿐이다. 기존의 남북한 금융구조에서는 상상도 못할 일들이다. 이처럼 남북한 화폐통합은 남한의 자본, 단일화폐로 공평한 평가를 받게 되는 북한의 자본, 북한과 남한에 유입된 해외 자본들로 한반도에 수많은 일자리를 창출할 것이고, 남북한은 그 혜택을 누리게 될 것이다. 북한에 HARD 인프라를 구축하는 것은 북한의 경제 개발과 남한에게도 이득이지만, 이와 같이 남한이 북한의 SOFT 인프라인 금융 인프라스트럭처 개선을 위해 투자하는 것이 남북한 모두에게 더 큰 이득을 주게 된다는 사실을 반드시 깨달아야만 한다.

통일 한반도의
중앙은행

통일이 경제논리에 빠져서는 안 된다는 말도 일리가 있다. 그것은 당연한 말이다. 통일은 정치제제 간의 결합인데 각 정치체제가 지향하는 국가이념이 양립 가능해야 하기 때문이다. 그런데 국가이념은 시대에 따라 변할 수 있지만 먹고 사는 문제는 지구가 멸망하는 그날까지 해결하지 않으면 안 되는 문제다. 결국, 경제통합은 태평성대를 누리기 위해 하나의 국가를 탄생시키는 가장 중요한 작업이 아닐 수 없다.

통일, 그날이 언제일지는 알 수 없다. 정치적 통일이 이루어진다고 하더라도 남한과 북한의 경제가 통합되면서 시너지를 일으키려면 합쳐질 수 있는 형태의 자산이어야 하고,

가급적 온전히 보전되어 있어야 한다. 그래야 통일 비용도 줄어들고 충격도 적어진다. 단일화폐 유통으로 남북이 하나의 시장으로 형성되어 있다면, 정치권력 간에 통일에 대한 합의를 통한 하나의 새로운 국가 탄생은 한결 수월해진다. 동·서독의 통일처럼 협상 테이블에 화폐통합에 따른 화폐교환비율이라는 무거운 짐을 정치권력이 질 필요가 없다. 그저 통일이 되면 KMU는 통일된 한반도의 중앙은행으로 멋있는 이름을 달고 간판만 바꾸면 된다. 그리고 북한 주민과 남한 주민은 그전에 해왔던 대로 단일화폐를 그대로 사용하면서 그냥 살아가면 된다. 통일로 인한 충격이 많이 줄어들 것이다. 장담할 순 없지만 어쩌면 남북한 화폐통합으로 남북 단일 시장이 형성되면 그로 인해 한반도가 통일되는 그날은 생각보다 더 빨리 올 수도 있을 것이다.

CHAPTER 6

완전한
자주
독립국가를
꿈꾸며

북한은 비핵화를 선언했다. 하지만 이에 맞물려 있는 대북 제재로 인해 그 어느 국가라 할지라도 당분간은 북한과의 교류가 쉽지 않다. 국제사회가 인정하는 수준의 비핵화 기간 동안 북한과의 교류는 제한되고, 그래서 그 기간 동안 북한은 사실상 갇혀 있기 때문이다. 강대국은 북한의 비핵화 정도를 보면서 한 발 빼고 있다가 사정이 나아지면 북한의 경제 개발에 참여하면 된다. 돈이 많으니 걱정할 것도 없다. 과연 남한도 이와 같은 강대국처럼 북한 개발에 따르는 리스크를 자유자재로 컨트롤하면서 사업을 진행할 수 있을까? 남한은 북한이 비핵화 과정을 진행하는 동안 전략적 차원에서 그 속도를 조금이라도 늦추게 된다면 또 다시 퍼주기 논란이 등장하는 나라다. 그렇다고 해서 남한이 경제 개발에 참여하더라도 강대국에 비해서 자금력이 앞서 있는 형편도 아니다. 남한이 북한의 비핵화 선언을 이끌어 내는 데 있어 결정적 역할을 한 것은 사실이다. 하지만 이제부터 한반도의 미래는 아무도 알 수 없게 된 것 또한 사실이다.

그러나 위기가 기회다. 이런 위기를 기회로 만들어야 한 다. 북한의 비핵화 선언 이후의 행보는 해방 이후 그 어느 때 보다 과감하다. 그래서 남한에겐 더 큰 위기일 수도, 반대로 더 큰 기회가 될 수도 있다. 더 큰 기회로 만들려면 남한만이 할 수 있는 것을 찾아야 한다. 강단 있게 그 기회를 손에 쥐 어야만 한다. 다른 국가들도 할 수 있는 것으로 경쟁하는 방 법도 있다. 그런데 다른 국가들은 북한의 경제 개발에 참여 해서 이득을 보려는 속셈으로 가득 차 있다. 남한도 그 대열 에 동참하게 되면 퍼주기와 퍼가기의 끝없는 논쟁 속에서 빠 져 나올 수 없다. 역지사지의 지혜로 북한을 바라보자. 북한 도 어쩌면 비핵화 선언 이전보다 더 큰 위기를 느끼고 있을 것이다. 북한이 당분간 비핵과 과정을 진행하는 동안 그 어 느 국가도 제대로 된 대화를 할 수 없을 때, 설령 대화를 하 더라도 경제적 이득을 보려는 검은 속셈으로 가득 차 있을 때, 남한은 남북 경협에 대해 처음부터 다시 돌아보고 우리만이 할 수 있는 것을 찾아야 한다.

　북한이 비핵화 기간 동안 사실상 갇혀 있는 지금 이 순간, 외국과 달리 우리만이 할 수 있는 것은 남북한 모두가 장기적으로 이득을 보면서 동시에 서로를 보호해 나갈 수 있는 방안을 북한에 제안하는 것이라고 생각했다. 한쪽만 일방적으로 손해를 보거나 이득을 보는 것은 경제적 갑을관계에 불과하므로 지속성이 없기 때문이다. 그 방안을 남북한 화폐통합에서 찾아보려 했다. 남북한 화폐통합에 관한 본 연구는 복잡한 경제수학을 바탕으로 미래를 추측한다. 그 목적은 단 하나다. 남북한이 한반도 국부를 보전·창출하는 지속가능한 공동운명체가 되어 이 땅에 완전한 자주독립국가를 탄생시키는 역할을 해 주기를 바라기 때문이다. 북한과 지속가능한 공동운명체가 되어 서로 공존할 수 있는 완전한 자주독립국가를 만들어야 한다는 마음은 그 어느 국가에도 없을 것이다. 그렇기 때문에 우리만이 할 수 있다고 생각했다. 유로화 위기에서 보았듯이 그 마음은 남북한 모두가 실로 간절해야 한다. 그래서 남북한 모두가 경제통합에 대한 간절한 마음을 가질 수 있는 연결고리가 되기를 바라는 마음으로 남북한 화폐통합을 제안하게 된 것이다.

남한은 다른 나라들이 도저히 할 수 없는, 그리고 다른 나라들이 보기에는 너무나 비합리적이어서 도저히 생각조차 못하는 제안을 북한에 먼저 할 수 있어야 한다. 북한도 남한의 진정성을 믿고 이를 받아들일 수 있어야 하며, 동시에 남한에 진정성을 보여야 한다. 그렇지 않고 수학적으로 증명할 수 있는 합리적인 방식만으로 남북 경협을 진행한다면 오히려 비합리적인 결과만 만들 것이다. 빵 10개를 3명에게 나누어 주는 방법을 수학은 알지 못한다. 항상 나머지 빵 1개가 남기 때문이다. 하지만 인간은 다르다. 그 남는 빵 1개를 다른 사람에게 양보하고 더욱 돈독해지는 관계를 만드는 지혜가 있기 때문이다. 남북한 화폐통합에 관한 논의 역시 이에 따르는 비용과 현재의 상황에 비추어 비합리적인 것으로 보일 수 있다. 지금 이 시점에서 명목 화폐에 불과한 북한 원화와 남한 원화를 교환한다는 발상 자체부터 너무나 비합리적으로 보일 것이다. 하지만 비합적리적인 것 안에 숨어 있는 합리적인 것을 찾아내는 방법은 수학으로는 증명할 수 없지만, 이것이 생존의 철학이요, 이것이 바로 정치다. 우리 모두의 가슴에 완전한 자주독립국가를 진심으로 품을 때가 되었다. 자주독립국가로서 향유하는 한반도의 번영과 평화야말로 남북 경제통합 비용으로 우리가 한반도에 유통시켜야 할 궁극의 단일화폐다!

부록

　이 책의 본문에서도 적시한 바와 같이 한반도통화동맹의 결성 및 양측의 화폐통합에 관한 합의는 골든 타임 내에 가급적 빨리 이루어져야 한다. 그러나 현실적으로 체제유지를 우선시하는 북한의 입장에서는 선뜻 남한의 제안에 동조하기가 힘들 것이다. 따라서 합의서 초안을 미리 작성하고 북한에 제시하는 것은 남한의 몫이 되어야 한다. 다만 북한 체제의 특성상 합의서에 세세한 내용 및 구체적인 방법까지 적시하는 것을 원치 않을 것이고, 비교적 여러 가지 여지를 남겨두려 할 것이다. 또한 북한은 남한이 통화협상에서 어떤 태도로 나오는가에 따라 남한의 제안을 받아들일 것인가 말 것인가를 결정하려고 할 수도 있다. 따라서 남한은 이에 대해 국회에 상정할 법률안 초안까지 작성해서 제시하고, 이런 단계까지 준비되어 있다는 것을 북한에 확인시켜 줌으로써 이전처럼 정치상황에 따라 흔들리는 일시적인 것이 아닌, 지속가능한 구체적 계획을 마련해두었다는 것을 북한에 보여줄 필요가 있다.

이런 측면에서 합의서의 내용은 매우 중요하다. 통화정책에 관한 양측의 '합의'인 이상 그 합의사항으로서 적어도 합의의 목적, 이를 위해 양 측의 창구가 되는 회의체(후술하는 한반도금융통화위원회), 회의체의 구성 방법과 그 역할 등은 반드시 포함시켜 두어야만 추후 합의내용의 본질적인 변질을 막을 수 있다. 앞서 논의한 내용에 관하여 합의서와 법률안 초안을 미리 구상하여 보았으나, 본 연구자가 작성해 둔 법률안 초안의 경우에는 조금 더 논의가 필요할 것 같아 이 부록에는 수록하지 않고 합의서 초안만을 수록하였다. 합의서 초안과 국회에 상정할 법률안 초안에 대해 보다 심도 있는 다각적 연구가 필요한 것이 사실이다. 이에 대해 뜻을 같이하시는 전문가분들과 함께 연구할 수 있는 기회가 오기를 기다리면서 부족하지만 미완성의 합의서 초안을 부록으로 첨부하였다.

이 합의서의 제목은 가칭 '한반도통화동맹에 관한 합의서'라고 하였다. 합의서의 조항에 대해서는 'OFFICIAL JOURNAL OF THE EUROPEAN COMMUNITIES: RULES GOVOERNING THE MONETARY COMMITEE (1958)'의 각 Article의 내용과 'OFFICIAL JOURNAL OF THE EUROPEAN COMMUNITIES: REGULATION(EEC)

NO 907/73 OF THE COUNCIL: establishing a European Monetary Cooperation Fund(1973)'의 각 Article, 'LEGAL FRAMEWORK OF THE EUROSYSTEM AND THE EUROPEAN SYSTEM OF CENTRAL BANKS(2014)'의 내용, 그리고 '남북사이의 청산결제에 관한 합의서' 및 한국은행법 등 기타 국내 법률을 함께 참조하였다.

한반도통화동맹에 관한 합의서

제1조(목적) 이 합의서는 양측이 단일화폐 유통을 위한 한반도통화동맹을 결성하고, 이를 통해 상호 간의 경제교류를 지속적으로 촉진함으로써 양측의 건전한 경제발전에 이바지함을 목적으로 한다.

북한과의 합의서는 명확하게 표현된 것이 많지 않고 오히려 두루뭉술한 내용이 많은 만큼, 그 목적과 방향만큼은 합의서에 분명하게 설정하여야 한다. 우선 우리가 추구하고자 하는 화폐통합을 통하여 남한만이 이득을 보는 것이 아니라 북한 역시 이득을 보는 것이라는 사실을 목적조항에 기재하여야 할 것이다. 또한 이 합의의 최종 목표인 화폐통합 및 통화동맹의 내용이 들어가야 함은 물론이다.

제2조(한반도금융통화위원회) 위 목적의 달성을 위하여 한반도금융통화위원회(이하 위원회)를 둔다.

그동안 남북 간의 협력은 양측 정권의 이해관계에 따라 지속적으로 진행되지 못하고 일시적으로만 유지되었으며, 대화 창구 또한 상설화되지 못하였다. 남북 간의 화폐통합을 위해서는 지금까지와는 확연히 다른 성격의 기관이 창설되어야 하며, 이를 가칭 '한반도금융통화위원회'라 하기로 한다.

제3조(위원회의 역할) ① 위원회는 양측의 화폐통합 및 한반도중앙은행을 설립하는데 필요한 제반사항을 검토하며, 은행 설립 후에는 그 은행의 최고 심의·의결 기관이 된다.

② 위원회는 양측의 경제협력을 증진시키기 위한 통화신용정책의 수립과 집행을 위해 지속적으로 검토하여야 하고, 공공성과 투명성을 확보하도록 노력하여야 한다.

③ 위원회는 양측의 정치적 입장으로부터 독립된 기관으로서 중립적이고 자율적인 통화신용정책을 수립하여 이를 집행한다.

① 한반도금융통화위원회의 궁극적 역할에 대한 조항이다. 결국 남북한이 정치체제를 통일하지 않고 선결적으로 화폐통합을 하기 위해서는 유럽의 European Central Bank(ECB)와 같은 기관이 필요할 것이다. 남북단일중앙은행(가칭 '한반도중앙은행')은 ECB와 같은 역할을 하는 기관이 될 것이며, 이 은행이 설립될 경우 한반도금융통화위원회는 그 은행의 소속 기관으로 존속하면서 한국은행에 설치된 금융통화위원회와

같은 역할을 수행하게 될 것이다.

②③ 한반도금융통화위원회의 일반적 역할에 대한 조항이다. 동 위원회가 이러한 역할을 수행하기 위해서는 양측 정권에 대하여 독자성을 지녀야 하고, 임무를 수행하기 위한 전문성을 가지는 기관이어야 한다. 이 조항은 앞으로 위원회가 가질 성격에 대하여 양측 모두에게 환기를 시키고자 하는 의도가 내포되어 있다.

제4조(위원회의 구성) ① 위원회는 양측이 각각 네 명의 위원을 지명한다. 또한 양측은 별도로 두 명의 보조위원을 더 지명할 수 있다.

② 네 명의 위원은 남측의 경우에는 두 명은 기획재정부, 두 명은 한국은행 소속으로 하며, 북측의 경우에는 두 명은 내각, 두 명은 조선중앙은행 소속으로 한다. 보조위원의 경우는 각 측이 위와 같은 비율과 소속으로 그 임무를 충분히 수행할 수 있다고 판단되는 자를 지명한다.

③ 위원회에 공동위원장 2명을 두며, 각 측이 위원들 중 1명을 공동위원장으로 임명한다.

① 위원의 명수는 양측의 합의로 언제든 바뀔 수 있으나, 총 명수는 홀수가 아닌 짝수이어야 할 것이다. 왜냐하면 ECB, EC

등 다수의 당사국들이 있는 경우와는 달리 해당 합의는 당사자가 2이고, 양 측의 세력이 동등하게 배분되어야 할 것이기 때문이다. 보조위원제도는 EU의 'alternatives' 제도를 참고한 것으로, 위원에게 유고가 있을 시에도 최대한 지장을 받지 않고 해당 위원회가 운영될 수 있도록 위한 것이다.

② 이 역시 EU의 제도를 참고한 것으로, EC의 경우 MONETARY COMITEE 구성에 있어 각 당사국이 2명의 위원을 뽑도록 하면서 한명은 고위 행정관료로, 한명은 중앙은행의 추천을 받은 자로 하도록 하였다. 남한과 북한에는 그에 해당하는 부서가 기획재정부, 한국은행, 내각, 조선중앙은행이므로 이와 같이 내용을 작성하였다. 현실적인 사정 및 양측의 이해관계에 따라 위원의 구성은 바뀔 수 있다. 그러나 경제력 차이가 큰 남북의 현실을 감안한다면, 남한의 통화신용정책 및 화폐발행을 담당하는 중앙은행인 한국은행이 맡아야 할 역할이 매우 클 것이다. 따라서 한국은행의 조직과 통화신용정책 운용에 관한 경험 등을 최대한 살릴 필요가 있으므로, 한국은행과 그 정책의결기관인 금융통화위원회 소속의 구성원이 한반도금융통화위원회에 참여할 필요가 있다.

③ 위원장의 임명 시에도 남북 양측의 세력균형을 유지해야 하므로 위원장과 부위원장을 두는 제도보다 공동위원장을 두는 것이 타당해 보인다.

제5조(회의 소집 및 의결) ① 위원회의 회의는 공동위원장 1명 이상 또는 위원 2명 이상이 요구하는 경우에 소집한다.

② 회의의 진행은 공동위원장이 2명이 공동으로 진행하되, 회의 소집을 요청한 공동위원장이 1명인 경우에는 그 공동위원장이 회의를 진행한다.

③ 위원회의 회의는 위원 과반수 이상의 출석과 출석위원의 만장일치로 의결한다. 다만 보조위원은 의결에 참여하지 못한다.

④ 위원은 2명 이상의 찬성으로, 공동위원장은 단독으로 의안을 발의할 수 있다.

⑤ 위원회가 의결하였을 때는 의결서를 작성하여 의결에 참여한 위원이 기명하고 날인 또는 서명하여야 한다.

⑥ 위원회는 의사록을 작성하고 위원회가 정하는 바에 따라 공개하여야 한다.

북한의 정치상황, 당사자의 수, 양 당사자 간의 관계 등을 고려하여 보면, 위원회의 의결을 다수결로 하거나 Casting vote 제도를 두는 것은 현실적으로 불가능하며, 결국 만장일치의 방법을 택할 수밖에 없을 것이다. 과반수 이상의 출석을 회의 요건으로 하는 것은 급박한 사정에 대응하기 위해 위원회의 의결이 요구되는 상황에서 특별한 사정으로 인해 위원 중에 결원이 발생한 경우를 대비하기 위함이다.

제6조(의결사항) ① 위원회는 이 합의서 제3조 제2항의 한반도중앙은행의 설립시기, 설립장소, 조직구성과 운영 및 이에 필요한 예산 등 일체의 사항에 대해 의결한다.
② 위원회는 화폐통합 및 단일화폐의 원활한 유통에 필요한 통화신용정책에 관한 일체의 사항에 대해 의결한다.

위원회가 명목상의 기관이 되지 않기 위해서는 그 역할에 따라 어떤 내용을 의결할 수 있는지를 명시해 둘 필요가 있다. 특히, 단일화폐의 발행 및 통용에 주요한 역할을 맡게 될 남북단일은행의 설립에 관한 사항은 반드시 의결사항에 포함시켜야 한다. 위원회의 권한에 대하여 추후 일어날 가능성이 있는 양측의 분쟁을 예방하기 위한 조항이다. 효율성 측면에서 본다면 한국은행이 축적한 금융 know-how와 현재 보유하고 있는 물적·인적 자산을 그대로 활용하면서 동시에 북한에 필요한 금융 인력을 신속하게 양성해 낼 수 있도록 북한의 위원이 한국은행의 금융통화위원회에 참여하는 방안으로 남북이 전격적인 합의를 이루는 것이 가장 이상적이다. 북한과 협상만 잘 한다면 전혀 불가능한 일도 아닐 것으로 본다. 그래서 남북이 이러한 합의를 도출해낼 수만 있다면 한국은행은 DMZ 혹은 북한이 원하는 장소에 지사를 설립해서 북한의 금융 인력을 양성하고 그 곳에서 한반도금융통화위원회를 운영하면 된다. 이것은 한국은행이 지속가능한 남북교류의 안전핀으로서 남북 경제통합의 주춧돌이 되는 셈이다.

제7조(임기) ① 각 위원 및 보조위원의 임기는 3년으로 한다.

② 임기가 만료되기 전 유고가 있어 위원이 그 직무를 수행하지 못할 정도에 이른 경우 위원은 사임 또는 퇴임할 수 있으며, 이 경우 보조위원이 위원의 직을 승계한다..

임기 조항은 MONETARY COMITEE 구성시의 임기를 참조하여 그보다 약간 연장한 것이나 구성 당시의 상황 및 현실에 따라 유동적으로 변할 수 있으며, 상기한 바와 같이 보조위원의 제도는 위원회가 단절됨 없이 상설기관으로서의 역할을 유지하도록 하기 위한 것으로 위원의 유고 시 자동승계 조항을 넣었다. EC의 경우 자발적·비자발적 퇴임 등에 대하여 다양한 사유를 열거하여 놓았으나, 북한의 정치현실상 이를 모두 열거하는 것은 쉽지 않을 것으로 본다.

제8조(신분보장) 위원회의 위원은 회의의 의결권 행사와

관련하여 재임기간 및 그 이후에도 일체의 정치적·법적 책임을 지지 않는다.

> 위원회의 위원이 자신의 의결사항에 대해 신분보장이 되지 않는다면 중립성을 보장받을 수 없다.

제9조(회의) 위원회는 적어도 연 6회 이상 회의를 가져야 하며, 양측은 상대방의 개의 요구에 최대한 성실하게 응하여야 한다.

> 보조위원과 같은 취지의 조항이지만 조금 더 직접적으로 동 위원회의 실효성을 확보하기 위한 것이다. EC의 경우 초기 (MONETARY COMITEE)에 회의횟수의 하한선이 연 6회였으나 현재 ECB의 Protocol에서는 연 10회로 규정하고 있다.

제10조(자료제출 및 정보제공) ① 위원회는 양측에 이 합의서에 명시된 목적과 역할에 부합하는 자료의 제출이나 정보의 제공을 요구할 수 있으며, 양측은 그 요구가 위원회의 목적과 역할에 벗어난다고 명백하게 판단할 수 있는 경우가 아니라면 위원회의 요구에 성실히 응하여야 한다. 양측 중 일방이 이 요구에 응하여 자료 및 정보를 제공한 경우 이는

위원회의 모든 위원들에게 제공되어야 한다.

② 양측의 비공개된 자료와 정보가 위 제1항의 요청에 따라 위원회에 제공된 경우에는 위원회의 의결에 따라 그 내용을 공개할 수 있다.

이 합의서에서 매우 중요한 조항이라고 보아도 무방하다. 화폐통합을 위해서는 남한과 북한의 화폐교환비율을 몇 대 몇으로 하여야 할 것인지, 북한의 총 통화량은 어느 정도인지 등 다양한 금융정보를 알아야 하는데, 현재까지도 우리는 해당 정보에 대해서 정확한 수치를 알지 못하고 있다. 다만 과거의 자료에 근거한 근사치를 추정할 따름이다. 물론 남북한의 화폐비율을 경제규모와 통화량에 맞추어 계산한 후에도 그에 대한 정치적 고려가 필요하겠지만, 관련 자료를 전혀 알 수 없다면 대내적으로 화폐통합에 관하여 엄청난 반발에 직면할 수밖에 없다. 자료제출 및 정보제공에 대한 조항은 반드시 명기되어야 하며, 북한과 이에 대한 합의를 이끌어내기 위해 우리 측의 필요한 정보도 공평하게 제공할 준비가 갖추어져 있어야 한다. 아울러 이러한 관련 자료와 정보는 남북 모두에게 민감한 내용이므로 위원회 의결에 의해서만 공개할 수 있도록 해야 할 것이다.

제11조(효력발생 및 수정·보충) ① 합의서는 양측이 서명하고 각기 발효에 필요한 절차를 거쳐 그 문본을 교환한 날로부터 효력을 발생한다.

② 쌍방의 합의에 따라 합의서의 조항을 수정·보충할 수 있다. 수정·보충되는 조항의 효력은 제1항과 같은 절차를 거쳐 발생한다.

③ 양측은 합의서 서명일로부터 6개월 이내에 위원회 구성에 필요한 각 위원 및 보조위원들을 지명하여 이를 상대측에 통보한다.

이는 청산결제에 관한 합의서상의 수정·보충조항과 대체로 같은 내용의 조항이다.

참고문헌

· 강문성(2014). 『독일 금융통합이 남북 통일금융에 주는 시사점』. 하나금융경영연구소, 서울, pp.4-7

· 강선구(2016). 『브렉시트, EU체제 리스크 높인다』. LG Business Insight 2016. 5. 18. pp.35-36

· 김관태(1998). 『국내 은행의 대북 진출 방안』. 통일경제, 통권 제48호, pp.91-102

· 김대우(1995). 『남북한 화폐통합 모형 및 방안에 관한 연구』. 논문집, 제11권, pp.157-204

· 김덕재(2004). 『통일 대비 남북한 금융통합 방안』. 석사 학위논문, 연세대학교, 서울, 대한민국, p.56

· 김병연(2014). 『금융체제 이행 및 통합 사례 : 남북한 금융통합에 대한 시사점』. 한국은행, 서울.

· 김상훈(2004). 『청산결제제도의 주요 내용과 각국의 사례 및 남북한 청산결제제도 추진 현황』. 한국개발연구원, 서울.

· 김영윤(2010). 『통독 사례를 통한 남북 경제통합 방안』. 통일경제, 통권 제99호, pp.76-88

· 김원기·이자형(1997). 『구 동·서독 화폐통합의 경제적 평가와 한반도 화폐통합에 대한 시사점』. 한국산업경제학회 산업경제연구 제10권 제1호, p. 247

· 김종희(2000). 『남북한 화폐통합 시 적정 교환비율 추정』, 석사 학위논문, 연세대학교, 서울, 대한민국, p.61

· 김진섭 · 고재길 · 남금천(2011). 『남북 교역의 대금 결제 관행과 대응 방안』, 관세학회지, 제12권 4호, pp.389-415

· 김태균(2003). 『남북한 화폐통합의 교환비율에 관한 연구』, 석사 학위논문, 국방대학교, 서울, 대한민국, p.76

· 고일동(2009). 『북한 화폐교환 및 액면 단위 변경의 파급효과와 향후 전망』, 북한경제리뷰, 제11권 제12호, pp.3-12

· 고재길(2009). 『남북한 경제 협력의 결정요인 분석: 대북 거래성 교역 및 협상 인자를 중심으로』, 박사 학위논문, 한양대학교, 서울, 대한민국, p. 137

· 남오연(2015). 『남북의 황금비율을 찾아서』, 행복에너지, pp.54-117, pp.112-113, pp.171 이하

· 리하르트 슈뢰더(2014). 『독일 통일에 관하여 잘못 알고 있는 것들』, 최기식 · 정환희 옮김, 법무부, 과천.

· 문성민(2008). 『구매력 평가이론에 근거한 북한 가격 및 환율 분석』, 통일정책연구, 제17권 2호, pp.83-115

· 문성민 · 김용복(2000). 『2개국 평가법에 의한 북한 「원」의 구매력 평가』, 한국은행 조사국, 서울.

· 문성민 · 문우식(2009). 『남 · 북한 통화통합 방식에 관한 연구: 사례 분석을 중심으로』, 경제논집, 제48권 제1호, pp.21-51

· 문성민 · 양석준(2013). 『동구 체제전환국의 경제성과에 대한 문헌 연구 및 북한 관련 정책적 시사점』, 통일정책연구, 제22권 1호, pp.143-177

· 박석삼 · 랄프뮐러(2001). 『독일 경험에 비추어 본 남북한 금융통합 방향』, 한국은행 조사국, 서울.

· 박재정(2016). 『유로존 위기의 극복과정에서의 정치적인 요인에 대한 연구:

그리스 재정위기를 중심으로』, 사회과학연구 제27권 1호, 충남대학교 사회과학연구소, pp.272-280

· 박종철 · 김인영 · 김인춘 · 김학성 · 양현모 · 오승렬 · 허문영(2004), 『통일 이후 갈등 해소를 위한 국민통합 방안, 통일연구원』, 서울.

· 서양원(2006), 『화폐통합이론과 남북한에의 적용』, 박사 학위논문, 연세대학교, 서울, 대한민국, p.71, pp.114-115, p206

· 신동진(2003), 『남북한 화폐통합의 가능성과 정책 방안: 남북한 화폐통합 이전단계로서의 북한의 화폐개혁 방안을 중심으로』, 경상논총, 제27집, pp.165-190

· 신용도(2013), 『남북한 화폐통합 시 교환비율에 관한 연구』, 교수논총, 제21권 통권 제63집, pp.167-188

· 신형구(2006), 『남북한 화폐 · 금융통합에 관한 연구』, 석사 학위논문, 연세대학교, 서울, 대한민국, p.140

· 안두순(2011), 『독일 통일과 경제통합 과정에 대한 평가: 한국 언론에 비친 통일 방식과 비용 논의를 중심으로』, 경상논총, 제29권 3호(제56집), pp.1-26

· 안예홍 · 문성민(2007), 『통일 이후 남북한 경제통합 방식에 대한 연구』, 금융경제연구, 제291호, pp.1-38

· 안재욱(1996), 『남북한 경제통합을 위한 재정 · 금융정책안 및 화폐교환 대비책』, 아태연구, 제3권, pp.171-199

· 안재욱(2005), 『남북한 통일 시 통화통합 방안』, 통일이후, 통권 제8호, pp.137-157

· 양문수 · 이석기 · 이영훈 · 임강택 · 조봉현(2012), 2000년대 북한 경제 종합평가, 산업연구원, 세종.

· 왕양(2017), 『환율전쟁』, 평단, 경기도, pp.117-192, 123pages, pp.385-386,

· 윤덕룡(2004), 『남북한 화폐통합의 효과와 경제통합의 전망』, 대외경제정책연

구원, 세종.

· 윤성원(2015). 『유로화와 유럽정체성: 통합기제로서의 유로화의 역할과 정체성 형성에의 의미』, EU연구 40호, 94pages

· 이건범(2006). 『재정 및 금융 분야의 남북한 경제통합 방안』, 비교경제연구, 제13권 제1호, pp.57-99

· 이규석(2011). 『남북한 경제 협력 사업의 성과와 과제: 개성공단 사례를 중심으로』, 사회과학연구, 제22권 1호, pp.3-22

· 이명규 · 김대우 · 장원태(1995). 『남북한 화폐통합 시 적정 교환비율 결정 모형』, 경상논총, 제4권, pp.149-170

· 이원기 · 이대기(1998). 『북한 통화량 규모의 추정과 남북한 통화통합 시 교환비율 산식』, 한국은행 조사부, 서울.

· 이영섭(1993). 『남북한 통화의 구매력 비교』, 한국개발연구, 제15권 제2호, pp.41-63

· 이영섭(1996). 『남북한 통화의 교환비율 결정과 통화통합 방안』, 대외경제정책연구원, 세종.

· 이영섭(1997). 『남북한 통화의 교환비율 결정에 관한 연구』, 비교경제연구, 제5권, pp.225-269

· 이은영(2015). 『독일 통일과 경제통합 과정』, 통일과 법률, 법무부, pp.16-17

· 이현재(2012). 『남북한 화폐통합 방안에 관한 연구』, 경상논총, 제5권 제1호, pp.5-15

· 이효원(2014). 『통일법의 이해』, 박영사, 서울.

· 임강택(2006). 『한반도 경제통합 모형의 이론적 모색』, 통일연구원, 서울.

· 임수호(2010). 『화폐개혁 이후 북한의 대내 경제전략』, 북한경제리뷰, 제12권 제3호, pp.3-21

· 장원태(1997). 『남북한 화폐통합에 관한 연구』, 통일문제연구, 제9권 제1호,

pp.133–159

· 전홍택·이영섭(2002). 『남북한 화폐·금융통합에 관한 연구』, 한국개발연구원, 서울.

· 정광민(2010). 『북한 화폐개혁의 정치경제적 함의』, 수은북한경제, 제7권 제1호, pp.23–40

· 조명현(2008). 『남북한 금융통합 방안에 관한 연구 : 독일의 선험적 사례를 중심으로』, 박사 학위논문, 순천향대학교, 아산, 대한민국, p.270

· 조문환(2003). 『남북한 화폐통합에 관한 연구』, 석사 학위논문, 경기대학교, 수원, 대한민국, p.74

· 조병호(2009). 『남·북한 화폐통합 방안에 대한 고찰』, 석사 학위논문, 고려대학교, 서울, 대한민국, pp.45–47, p94

· 조윤수(2013). 『통일 독일의 경제통합 정책과 남북한 경제통합: 생산성 연계 임금 지급 및 지분 배분 등 실효적 통합방안』, 박사 학위논문, 경기대학교, 수원, 대한민국, p.136

· 조홍식(2010). 『화폐와 정체성: 유로와 유럽의 사례』, 국제·지역연구 제19권 제3호, pp.96–97

· 하성근(1997). 『한반도 통일 시의 경제통합 전략』, 전홍택·이영선 편, 세종 : 한국개발연구원.

· 한국통계진흥원(2013). 『북한 통계 분야 지원 및 협력 방안』, 통계청, 대전.

· 현대경제연구원(2014). 『경제주평 : 2013년 북한 GDP 추정과 남북한의 경제·사회상 비교』, 통권 582호.

· 황의각(1992). 『북한경제론: 남북한 경제의 현황과 비교』, 나남, 서울.

· 황의각·장원태(1997). 『남북한 경제·화폐통합론』, 법문사, 서울.

· Kim, Pyung Joo(1997). 『Monetary Integration and Stabilization in the Unified Korea』, 서강경제논집, 제26권, pp.67–85

남북 간 화폐통일을 통한 경제교류가 통일의 가장 현실적인 청사진이 되기를 기원합니다!

– 권선복
도서출판 행복에너지 대표이사
영상고등학교 운영위원장

　　한국전쟁이라는 동족상잔의 비극을 겪었던 대한민국은 세계에서 가장 가난한 국가였습니다. 게다가 1960년대까지만 해도 북한이 우리보다 경제적으로 풍요로운 상황이었습니다. 하지만 북한의 천리마 운동은 실패로 끝난 반면 남한의 새마을 운동은 성공을 거두었고 이제는 남북 간 경제관계가 역전이 되었습니다. 북한은 아직도 폐쇄경제를 고수하며 최빈국으로 전락하고 말았는데 이러한 상황 속에서 남북 간 단절이 계속된다면 아마 통일은 영영 불가능할지도 모릅니다. 이제는 오랜 기간 지속된 이데올로기 분쟁을 종식시키기 위한 단호한 결단과 조치가 필요한 시점입니다.

이 책 『남북의 황금비율을 찾아서 개정증보판』은 경제적인 갑을관계라는 봉건적 틀을 깨고 남북 간의 경제통합을 이룩하고자 하는 저자의 열망이 반영된 전문서적입니다. 현재 법무법인 청호의 대표변호사로 재직 중인 남오연 저자는 더 이상 비극이 한반도에 일어나지 않기를 원하는 마음으로 2015년 이 책의 초판, 『남북의 황금비율을 찾아서』를 출간한 바 있습니다. 첫 출간 후 3년 만에 출간된 이 개정판은 그때 이후 생긴 대한민국 내외적 정치 판도의 변화, 남북 관계의 변화 등을 반영하여 많은 부분을 수정한 저자의 역작입니다.

이 책은 막연하게 통일을 바라기만 하는 내용이 아니라 남북 간 화폐 통합을 통한 직접적 교류 체제에 대해 논리정연하게 분석한 책입니다. 특히 경제학적 관점에서 새로운 시각으로 사안을 바라보고 심층적 연구를 거쳐 결론을 제시한다는 점에서 흥미와 신뢰를 동시에 독자들에게 심어주고 있습니다. 과거 분단국가였던 독일이 점진적 경제교류를 지속함으로써 베를린장벽이 무너졌던 것처럼 남북한 또한 시간을 두고 교류를 이어나간다면 우리를 가로막고 있는 휴전선도 언젠간 무너지리라는 꿈을 가져 봅니다.

이 책이 평화와 자주통일의 도화선이 될 수 있기를 기대해 보며 모든 독자들의 삶에 행복과 긍정의 에너지가 팡팡팡 샘솟기를 바랍니다.

공무원 탐구생활

김광우 지음 | 값 15,000원

『공무원 탐구생활』은 '공무원'에 대해 속속들이 들여다본 책으로, 다양한 시각으로 공무원에 대해 분석하고 있다. 특히 '공무원은 결코 좋은 직업이 아니다'라며 기본적으로 비판적인 시각을 가지고 분석한다는 걸 특이점으로 꼽을 수 있다. 이미 공직에 몸담은 공무원뿐만 아니라, 공무원을 준비하고 있는 이들에게도 앞으로의 진로 설정 방향과 공무원에 대한 현실을 세세히 알려준다. 30년이 넘는 시간 동안 공직 생활을 통해 쌓아 온 저자의 경험이 밑바탕이 되어 독자들에게 강한 신뢰감을 준다.

힘들어도 괜찮아

김원길 지음 | 값 15,000원

(주)바이네르 김원길 대표의 저서 『힘들어도 괜찮아』는 중졸 학력으로 오로지 구두 기술자가 되기 위해 혈혈단신 서울행에 오른 후 인생의 영광과 실패를 끊임없이 경험하며 국내 최고의 컴포트슈즈 명가, (주)바이네르를 일궈낸 그의 인생역정을 담고 있다. 이러한 인생역정을 통해 김원길 대표가 강조하는 그만의 인생철학, 경영철학 역시 많은 사람들에게 귀감이 될 것이며 존경받는 기업인이라는 것이 무엇인지 보여준다고 할 것이다.

성공하는 귀농인보다 행복한 귀농인이 되자

김완수 지음 | 값 15,000원

『성공하는 귀농인보다 행복한 귀농인이 되자』는 귀농 · 귀촌을 꿈꿔 본 사람들부터 진짜 귀농 · 귀촌을 준비해서 이제 막 시작 단계에 들어선 분들, 또는 이미 귀농 · 귀촌을 하는 분들까지 모두 아울러 도움을 줄 수 있는 책이다. 농촌지도직 공무원으로 오랫동안 근무하고 퇴직 후에 농촌진흥청 강소농전문위원으로 활동하고 있어서 현장 경험이 풍부한 저자의 전문성이 이 책에 고스란히 녹아 있다고 하겠다

아홉산 정원

김미희 지음 | 값 20,000원

이 책 『아홉산 정원』은 금정산 고당봉이 한눈에 보이는 아홉산 기슭의 녹유당에 거처하며 아홉 개의 작은 정원을 벗 삼아 자연 속 삶을 누리고 있는 김미희 저자의 정원 이야기 그 두 번째이다. 이 책을 통해 독자들은 '꽃 한 송이, 벌레 한 마리에도 우주가 있다'는 선현들의 가르침에 접근함과 동시에 동양철학, 진화생물학, 천체물리학, 문화인류학 등을 아우르는 인문학적 사유의 즐거움을 한 번에 누릴 수 있을 것이다.

진짜 엄마 준비

정선애 지음 | 값 15,000원

진짜 엄마가 되기 위해선 무엇을 준비해야 할까? 아이를 낳기 전 태교부터 아이를 낳고 난 후의 육아까지, 엄마들의 길은 멀고 험난하기만 하다. 여기 직접 달콤하고도 쓰린 '육아의 길'을 몸소 체득한 엄마의 고백과도 같은 육아 일기가 있다. 저자는 아이를 위한 길과 엄마를 위한 길 둘 다 놓쳐서는 안 된다고 이야기하며, 어떻게 하면 아이와 엄마 모두가 윈윈 할 수 있는지 친절하고 따뜻한 문체로 풀어낸다. 예비 엄마들을 위한 훌륭한 육아 계발서.

내 삶을 바꾸는 기적의 코칭

박지연 지음 | 값 15,000원

『내 삶을 바꾸는 기적의 코칭』은 '내면의 변화'의 길로 인도해 줄 안내서이다. 이 책은 하루에 딱 3분만 들여도 충분히 음미하고 생각할 수 있는 흥미로운 이야기가 가득하다. 내 삶을 변화시키고 내면을 변화시키는 것이 무작정 '어렵다'고 생각하기 쉽지만, 이 책은 오히려 아주 조그마한 생각의 전환만으로도 나를 바꿀 수 있음을 말하고 있다. 딱딱하게 말하는 자기계발서와는 달리, 독자에게 생각할 수 있는 여지와 여유를 준다는 게 차별점이라고 할 수 있다.

사장이 직접 알려주는 영업마케팅

이남헌 지음 | 값 15,000원

이 책은 치열한 고민을 거듭하여 성공을 이룬 저자가 같은 직장인들을 위해 쓴 '맞춤 참고서'이다. 저자가 직접 체득한 '성공에 필요한 습관'이 항목별로 꼼꼼히 서술되어 있으며, 특히 의료기기업계 분야에 관하여 유익한 정보가 추가되어 있다. 평소 직장 생활을 하면서 도움이 필요했거나 궁금했던 부분이 있었지만 확실한 대답을 얻지 못했던 사람이라면 저자의 바람대로 이 책을 '멘토' 삼아 조금이나마 그 답답함을 해소할 수 있을 것이다.

맛있는 삶의 사찰기행

이경서 지음 | 값 20,000원

이 책은 저자가 불교에 대한 지식을 배우길 원하여 108사찰 순례를 계획한 뒤 실행에 옮긴 결과물이다. 전국의 명찰들을 돌면서 각 절에 대한 자세한 소개와 더불어 중간중간 불교의 교리나 교훈 등도 자연스럽게 소개하고 있다. 절마다 얽힌 사연도 재미있을 뿐 아니라 초보자에게 생소한 불교 용어들도 꼼꼼히 설명되어 있어 불교를 아는 사람, 모르는 사람 모두에게 쉽게 읽힌다. 또한 색색의 아름다운 사진들은 이미 그 장소에 가 있는 것만 같은 즐거움을 줄 것이다.

심정평화 효정평화

박정진 지음 | 값 13,000원

책 「심정평화 효정평화」는 심정과 효정의 철학으로 지구촌 평화를 그리는 박정진 저자의 철학을 담고 있다. 가부장제 시대를 넘어 여성-아이, 모-자식 관계의 새로운 가정연합이 지구촌 시대의 평화를 이룬다는 철학이다. 또한 로봇 문명 시대의 인간의 강점과 덕목으로 정을 내세우면서 인간성의 회복이 앞으로의 시대에 중요하게 될 것이라 예견한다.

마음 Touch! 감성소통

박신덕 지음 | 값 15,000원

책 「마음 Touch! 감성소통」은 타인과의 소통에서 불편을 겪는 사람들에게 명쾌한 해답을 들려준다. 아무리 대화를 해도 '말이 통한다'는 느낌을 받기 어려운 요즘, '진심'을 통해 소통할 때 상대방의 마음뿐만 아니라 내 마음까지도 부드럽게 어루만져 주는 '감성소통'을 할 수 있다고 강조한다. 저자가 직접 수많은 사람들을 만나고 대화하며 얻은 '소통의 노하우'가 이 책 한 권에 모두 담겨 있다.

웃음은 나의 생명꽃

이현춘 지음 | 값 15,000원

「웃음은 나의 생명꽃」은 웃음을 통해 행복을 찾고 인생의 전환기를 맞이한 저자의 생생한 이야기가 담긴 책이다. 행복의 조건 중 가장 중요하다고 할 수 있는 건강을 잃고 절망 속에서 하루하루를 보낼 때, 모든 역경을 이겨내고 행복한 삶을 살아가는 데 원동력이 되어 준 것을 바로 '웃음'이라고 강조하고 있으며 늘 행복이 멀리 있다고 여기는 우리에게도 생각의 전환을 가져다준다.

71세에 떠난 좌충우돌 배낭여행기

고계수 지음 | 값 20,000원

「71세에 떠난 좌충우돌 배낭여행기」는 남ㆍ중미ㆍ북미ㆍ오세아니아를 여행한 저자의 이야기가 생생하게 담긴 여행 에세이다. 여행이라는 소중한 경험 속에서 또 다른 문화를 접하고 새로운 일도 겪지만, 순탄하지 못한 여행을 하며 느낀 단상들도 이 책에는 과장이나 거짓 없이 진솔하게 기록되어 있다. 젊은 사람들 못지않은 즐겁고 유쾌한 여행기가 독자들의 흥미를 불러일으킨다.

세상의 문을 두드려라

한영섭 지음 | 값 20,000원

이 책 『세상의 문을 두드려라』는 전국경제인연합회 입사 후 인간개발연구원 4대 원장에 이르기까지 쉴 새 없는 도전의 삶을 살았던 한영섭 저자가 지나온 인생 동안 세계 각지를 돌아다니면서 겪었던 이야기들을 풀어낸 여행기인 동시에 회고록이다. 각계각층의 경영인들과 함께 세계를 누벼 온 저자가 다양한 사람들과 함께 해외를 여행하며 위기와 갈등, 도전에 잘 대처하는 모습에서 우리는 '섬김의 리더십'이 무엇인지 느낄 수 있다.

라벤더, 빛의 선물

모니카 위네만, 마기 티설랜드 지음, 박하균 역 | 값 17,000원

이 책 『라벤더, 빛의 선물』은 이렇게 고대부터 현대에 이르기까지 유럽에서 '허브의 여왕'으로 사랑받아 왔고 최근에는 전 세계적으로 사랑받고 있는 허브식물 라벤더에 대한 지식과 활용법을 광범위하게 전달한다. 라벤더의 역사와 효능, 재배 방법, 오일 증류법, 에센스 활용법 등 이 책이 다루고 있는 라벤더에 대한 지식은 광범위하면서도 깊이가 있고, 이해하기 쉬우면서도 실용적이다.

'腸(장) 누수'가 당신을 망친다

후지타 고이치로 지음 | 값 17,000원

책 『腸(장) 누수'가 당신을 망친다』에서는 생소한 용어인 장 누수에 관해 소개하고 장 누수로부터 일어나는 각종 문제를 설명하고 있다. 다년간 도쿄대 의대 교수로 재직했던 저자가 스스로 만들어 낸 장 건강을 회복하는 레시피를 담고 있어 자극적인 식습관과 음주로 인해 여러 합병증을 겪는 현대인들에게 새로운 식생활 및 습관을 실천하는 데 지침을 줄 것이다.

뉴스와 콩글리시

김우룡 지음 | 값 20,000원

이 책 『뉴스와 콩글리시』는 TV 뉴스와 신문으로 대표되는 저널리즘 속 콩글리시들의 뜻과 어원에 대해 탐색하고 해당 콩글리시에 대응되는 영어 표현을 찾아내는 한편 해당 영어 표현의 사용례를 다양하게 제시하기도 한다. 이러한 과정 속에서 독자들은 해당 영어 단어가 가진 배경과 역사, 문화 등 다양한 인문학적 지식을 알 수 있게 된다. 또한 많은 분들의 창의적이면서도 올바른 글로벌 영어 습관 기르기에 도움을 줄 수 있을 것이다.

행복하면서 성공하라

안정기 지음 | 값 15,000원

30년이 넘도록 공직자의 자리에서 수많은 성공을 보아온 저자는 책 『행복하면서 성공하라』를 통해 성공은 홀로 존재할 수 없고 행복이 함께해야만 한다는 것을 말한다. 성공하는 사람들의 특징과 습관을 분석하고, 행복해지기 위한 여러 방법을 설명하는 그의 말에서 성공과 행복의 관계에 대해 오랫동안 고뇌한 흔적을 엿볼 수 있다. 그의 말은 우리의 인생에 자연스럽게 성공과 행복을 같이 안겨줄 길잡이가 되어줄 것이다.

주저앉지 마세요

김재원 지음 | 값 15,000원

책 『주저앉지 마세요』는 우리 사회에서 가장 주저앉기 쉬운 대상 세 가지에 대해 주저앉지 않는 방법을 이야기하고 있다. '직장인', '건강', 그리고 '여성'이 그 세 가지 주제다. 우리가 잘 알고 있는 연예인의 일화들도 저자가 말하고자 하는 핵심에 잘 녹여낸다는 점에서 흥미롭다. 대한민국 페미니스트의 원조라고 할 수 있는 저자의 남다른 시선을 통해 기존의 딱딱한 자기계발서에서 탈피하여 독자들에게 재미를 주고자 하였다.

퀄리티 육아법

정지은 지음 | 값 15,000원

육아에 가장 필요한 것은 뜻밖에도 바로 나 자신을 돌아보는 용기다. 책 『퀄리티 육아법』은 저자가 두 아이의 엄마로서 쌓은 경험과 뉴질랜드 유치원 교사로 재직하며 공부한 지식을 바탕으로 육아에 대해 바라보는 시각을 재정립하였다. 온전히 아이를 위해 하는 육아보다, 육아를 하는 나 자신을 응원하고, 스스로에게 용기를 주는 메시지로 어쩌면 모든 것이 서툴고 어색한 초보 부모에게 육아에 대한 스트레스를 덜어내 주는 책이다.

트레이닝을 토닥토닥

김성운 지음 | 값 20,000원

책 『트레이닝을 토닥토닥』은 대한민국 최초 '피트니스 큐레이터'인 저자가 효율적인 트레이닝과 좋은 트레이너, 인정받는 트레이너에 대한 개념을 모아 엮은 '트레이너 기초서'이다. 나를 더 돋보이게 하는 시대에 운동은 사실상 필수 요소가 되었고 효율적이고 체계적인 방법으로 트레이닝을 돕는 트레이너는 각광받게 되었다. 책을 통해 누구에게나 인정받는 트레이너란 어떻게 완성되는지에 대해 저자의 생생한 경험담과 세부적인 지식들을 통해 살펴볼 수 있다.

작은 천국 나의 아이들

정명수 지음 | 값 25,000원

이 책 『작은 천국 나의 아이들』은 30여 년간 아이 사랑의 한길만을 걸어온 지성유치원 정명수 원장의 행보를 통해 초등학교 취학 이전의 어린 아동들을 가르치는 교육자가 어떠한 소명 의식을 가지고 맡겨진 길을 걸어야 하는지 우리에게 이야기해 준다. 결코 쉽지 않은 아동 교육의 현장에서 굳건한 신앙이 가져다준 소명의식과 아이들에 대한 사랑의 마음을 통해 희생과 봉사, 책임감을 갖고 살아가는 한 교육자의 인생을 읽을 수 있다.

맛있는 호주 동남부 여행

이경서 지음 | 값 15,000원

책 『맛있는 호주 동남부 여행』은 『맛있는 삶의 레시피』의 저자 이경서가 전하는 새로운 맛있는 여행 이야기이다. 작은아들 내외가 살고 있는 시드니, 그리고 시드니를 거점으로 하여 대중교통을 이용하는 그의 여행은 일반적인 여행사의 여행으로는 경험할 수 없는 색다른 즐거움을 선사한다. 그저 구경만 하는 여행이 아니라, 마치 신대륙을 모험하듯 여행하는 그의 여행기는 도전적인 여행을 꿈꾸는 모든 이들에게 훌륭한 안내서가 될 것이다.

학교를 가꾸는 사람들

김기찬 지음 | 값 15,000원

책 『학교를 가꾸는 사람들』은 30여 년의 교사 생활, 그리고 12년간 서령고등학교의 교장을 역임한 저자의 교육 기록이다. 저자는 교사로부터 시작해 학생을 위한, 학생에 의한 학교를 만들고, 학생과 교사뿐만이 아닌 학부모와 졸업생, 지역 인사에 이르는 폭넓은 교육 협업으로 진정한 교육의 장을 일구어낸다. 그가 기록한 충남 서산에 위치한 전국 명문고, 서령고등학교의 역사는 대한민국 교육의 새로운 빛이 될 것이다.

오색 마음 소통

이성동 지음 | 값 15,000원

책 『오색 마음 소통』은 바로 그에 대한 해답을 알려준다. '소통은 말과 글로만 하는 것이 아니다. 마음으로 하는 것이다'라는 책의 부제에서 알 수 있듯이, 우리가 그간 소통에 실패한 이유가 바로 '마음'이 아닌 말과 글로 소통을 하려 했기 때문이라고 말한다. 말과 글은 소통을 하는 수단으로써만 쓰여야 할 뿐, 주(主)가 되어야 하는 것은 바로 '마음'이라는 것이다. 이 책은 소통의 어려움에 부닥친 사람들을 위해 친절히 소통의 과정을 안내하고 있다.

'행복에너지'의 해피 대한민국 프로젝트!
〈모교 책 보내기 운동〉

대한민국의 뿌리, 대한민국의 미래 **청소년·청년**들에게 **책**을 보내주세요.

많은 학교의 도서관이 가난해지고 있습니다. 그만큼 많은 학생들의 마음 또한 가난해지고 있습니다. 학교 도서관에는 색이 바래고 찢어진 책들이 나뒹굽니다. 더럽고 먼지만 앉은 책을 과연 누가 읽고 싶어 할까요?

게임과 스마트폰에 중독된 초·중고생들. 입시의 문턱 앞에서 문제집에만 매달리는 고등학생들. 험난한 취업 준비에 책 읽을 시간조차 없는 대학생들. 아무런 꿈도 없이 정해진 길을 따라서만 가는 젊은이들이 과연 대한민국을 이끌 수 있을까요?

한 권의 책은 한 사람의 인생을 바꾸는 힘을 가지고 있습니다. 한 사람의 인생이 바뀌면 한 나라의 국운이 바뀝니다. **저희 행복에너지에서는 베스트셀러와 각종 기관에서 우수도서로 선정된 도서를 중심으로 〈모교 책 보내기 운동〉을 펼치고 있습니다.** 대한민국의 미래, 젊은이들에게 좋은 책을 보내주십시오. 독자 여러분의 자랑스러운 모교에 보내진 한 권의 책은 더 크게 성장할 대한민국의 발판이 될 것입니다.

도서출판 행복에너지를 성원해주시는 독자 여러분의 많은 관심과 참여 부탁드리겠습니다.

도서
출판 **행복에너지** 임직원 일동
문의전화 0505-613-6133